Teach®
Yourself

SHORT ST⊙RIES in NORWEGIAN

Read for pleasure at your level and
learn Norwegian the fun way!

OLLY RICHARDS

Series Editor
Rebecca Moeller

Development Editor
Elizabeth Curtiss

D0927394

First published in Great Britain in 2020 by John Murray Learning, an
imprint of Hodder & Stoughton. An Hachette UK company.

A CIP catalogue record for this title is available from the British Library.

Paperback ISBN: 978 1 52930 259 2
Ebook ISBN: 978 1 52930 260 8

1

Cover image © Paul Thurlby
Illustrations by D'Avila Illustration Agency / Stephen Johnson
Typeset by Integra Software Services Pvt. Ltd., Pondicherry, India
Printed and bound in Great Britain by Clays Ltd, Elcograf S.p.A.

John Murray Learning policy is to use papers that are natural, renewable and recyclable
products and made from wood grown in sustainable forests. The logging and manufacturing
processes are expected to conform to the environmental regulations of the country of origin.

Carmelite House
50 Victoria Embankment
London EC4Y 0DZ
www.johnmurraypress.co.uk

Contents

Don't forget the audio!

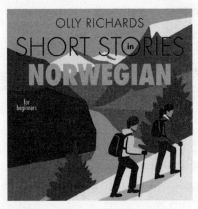

Listening to the story read aloud is a great way to improve your pronunciation and overall comprehension. So, don't forget – download it today!

The audio that accompanies this course is available to purchase from readers.teachyourself.com, and download to the Language Readers app.

Use **audio50** at readers.teachyourself.com/redeem for 50% off any purchase.

About the Author

 Olly Richards, author of the *Teach Yourself Foreign Language Graded Readers* series, speaks eight languages and is the man behind the popular language learning blog: *I Will Teach You a Language*.

Olly started learning his first foreign language at age 19, when he bought a one-way ticket to Paris. With no exposure to languages growing up, and no special talent to speak of, Olly had to figure out how to learn a foreign language from scratch.

Fifteen years later, Olly holds a master's degree in TESOL from Aston University as well as Cambridge CELTA and Delta. He has studied several languages and become an expert in language learning techniques. He also collaborates with organizations such as the Open University and the European Commission, and is a regular speaker at international language events and in-person workshops.

Olly started the *I Will Teach You a Language* blog in 2013 to document his latest language learning experiments. His useful language learning tips have transformed the blog into one of the most popular language learning resources on the web. Olly has always advocated that reading is one of the best ways to improve your language skills and he has now applied his expertise to create the *Teach Yourself Foreign Language Graded Readers* series. He hopes that *Short Stories in Norwegian for Beginners* will help you in your language studies!

For more information about Olly and his blog, go to www.iwillteachyoualanguage.com.

For more information about other readers in this series, go to readers.teachyourself.com.

Introduction

Reading in a foreign language is one of the most effective ways for you to improve language skills and expand vocabulary. However, it can sometimes be difficult to find engaging reading materials at an appropriate level that provide a feeling of achievement and a sense of progress. Most books and articles written for native speakers can be too long and difficult to understand or may have very high-level vocabulary so that you feel overwhelmed and give up. If these problems sound familiar, then this book is for you!

Short Stories in Norwegian for Beginners is a collection of eight unconventional and entertaining short stories that are designed to help high-beginner to low-intermediate-level Norwegian learners* improve their language skills. These short stories use bokmål Norwegian. Bokmål is the standard Norwegian language, used by approximately 85–90% of Norwegians. It developed from the Dano-Norwegian, originating during the 400 or so years when Norway was part of Denmark, a union which ended in 1814. Nynorsk is the other official language of Norway and comprises a collection of Norwegian dialects. The remaining 10–15% of the population uses Nynorsk as their written language.

---

* Common European Framework of Reference (CEFR) levels A2–B1.

Norwegian nouns are either *en*, *ei* or *et* words. This is called the gender of the noun. In Norwegian every noun has a gender. This is masculine, feminine or neuter. The gender of a noun affects other words in connection with it. This means that each time you learn a new noun you should also try to remember the gender. In this book, we have used two genders – masculine and neutral – as all feminine gender nouns can be used as masculine in bokmål. It's called 'felleskjønn' (common gender).

These short stories have been designed to create a supportive reading environment by including:

➤ **Rich linguistic content in different genres** to keep you entertained and expose you to a variety of word forms.
➤ **Interesting illustrations** to introduce the story content and help you understand what happens.
➤ **Shorter stories broken into chapters** to give you the satisfaction of finishing the stories and progressing quickly.
➤ **Texts written at your level** so they are more easily comprehended and not overwhelming.
➤ **Special learning aids** to help support your understanding including:
  ✦ *Summaries* to give you regular overviews of plot progression.
  ✦ *Vocabulary lists* to help you understand unfamiliar words more easily. These words are bolded in the story and translated after each chapter. In addition, the vocabulary builds

from Story 1 to Story 8 to help you expand
your vocabulary as you go through the book!

✦ *Comprehension questions* to test your
understanding of key events and to encourage
you to read in more detail.

So perhaps you are new to Norwegian and looking for
an entertaining way to learn, or maybe you have been
learning for a while and simply want to enjoy reading
and expand your vocabulary, either way, this book is
the biggest step forward you will take in your studies
this year. *Short Stories in Norwegian for Beginners* will give
you all the support you need, so sit back, relax, and let
your imagination run wild as you are transported to a
magical world of adventure, mystery and intrigue – in
Norwegian!

How to Read Effectively

Reading is a complex skill. In our first languages, we employ a variety of micro-skills to help us read. For example, we might skim a particular passage in order to understand the general idea, or gist. Or we might scan through multiple pages of a train timetable looking for a particular time or place. While these micro-skills are second nature when reading in our first languages, when it comes to reading in a foreign language, research suggests that we often abandon most of these reading skills. In a foreign language we usually start at the beginning of a text and try to understand every single word. Inevitably, we come across unknown or difficult words and quickly get frustrated with our lack of understanding.

One of the main benefits of reading in a foreign language is that you gain exposure to large amounts of words and expressions used naturally. This kind of reading for pleasure in order to learn a language is generally known as 'extensive reading'. It is very different from reading a textbook in which dialogues or texts are meant to be read in detail with the aim of understanding every word. That kind of reading to reach specific learning aims or do tasks is referred to as 'intensive reading'. To put it another way, the intensive reading in textbooks usually helps you with grammar rules and specific vocabulary, whereas reading stories extensively helps show you natural language in use.

While you may have started your language learning journey using only textbooks, *Short Stories in Norwegian for Beginners* will now provide you with opportunities to learn more about natural Norwegian language in use. Here are a few suggestions to keep in mind when reading the stories in this book in order to learn the most from them:

➤ **Enjoyment and a sense of achievement when reading is vitally important.** Enjoying what you read keeps you coming back for more. The best way to enjoy reading stories and feel a sense of achievement is by reading each story from beginning to end. Consequently, reaching the end of a story is the most important thing. It is actually more important than understanding every word in it!

➤ **The more you read, the more you learn.** By reading longer texts for enjoyment, you will quickly build up an understanding of how Norwegian works. But remember: in order to take full advantage of the benefits of extensive reading, you have to actually read a large enough volume in the first place! Reading a couple of pages here and there may teach you a few new words, but won't be enough to make a real impact on the overall level of your Norwegian.

➤ **You must accept that you won't understand everything you read in a story.** This is probably the most important point of all! Always remember that it is completely normal that you do not understand all the words or sentences. It doesn't mean that your language level is flawed or that you are not doing well. It means you're engaged in the process of learning. So, what should you do when you don't understand a word? Here are a few steps:

1. Look at the word and see if it is familiar in any way. Remember to look for vocabulary elements from your first language that may be familiar. Take a guess – you might surprise yourself!
2. Re-read the sentence that contains the unknown word several times. Use the context of that sentence, and the rest of the story, to try to guess what the unknown word might mean.
3. Think about whether or not the word might be a different form of a word you know. For example, you might encounter a verb that you know, but it has been conjugated in a different or unfamiliar way:

å snakke – to speak
han snakket – he spoke
de har snakket – they have spoken

You may not be familiar with the particular form used, but ask yourself: *Can I still understand the gist of what's going on?* Usually, if you have managed to recognise the main verb, that is enough. Instead of getting frustrated, simply notice how the verb is being used, and carry on reading. Recognizing different forms of words will come intuitively over time.

4. Make a note of the unknown word in a notebook and check the meaning later. You can review these words over time to make them part of your active vocabulary. If you simply must know the meaning of a bolded word, you can look it up in the vocabulary list at the end of each chapter, in the glossary at the back of the book or use a dictionary. However, this should be your last resort.

These suggestions are designed to train you to handle reading in Norwegian independently and without help. The more you can develop this skill, the better you'll be able to read. Remember: learning to be comfortable with the ambiguity you may encounter while reading a foreign language is the most powerful skill that will help you become an independent and resilient learner of Norwegian!

The Six-Step Reading Process

In order to get the most from reading *Short Stories in Norwegian for Beginners*, it will be best for you to follow this simple six-step reading process for each chapter of the stories:

① Look at the illustration and read the chapter title. Think about what the story might be about. Then read the chapter all the way through. Your aim is simply to reach the end of the chapter. Therefore, *do not stop to look up words and do not worry if there are things you do not understand*. Simply try to follow the plot.

② When you reach the end of the chapter, read the short summary of the plot to see if you have understood what has happened. If you find this difficult, do not worry. You will improve with each chapter.

③ Go back and read the same chapter again. If you like, you can focus more on story details than before, but otherwise simply read it through one more time.

④ When you reach the end of the chapter for the second time, read the summary again and review the vocabulary list. If you are unsure about the meanings of any words in the vocabulary list, scan through the text to find them in the story and examine them in context. This will help you better understand the words.

⑤ Next, work through the comprehension questions to check your understanding of key events in the story. If you do not get them all correct, do not worry; simply answering the questions will help you better understand the story.

⑥ At this point, you should have some understanding of the main events of the chapter. If not, you may wish to re-read the chapter a few times using the vocabulary list to check unknown words and phrases until you feel confident. Once you are ready and confident that you understand what has happened – whether it's after one reading of the chapter or several – move on to the next chapter and continue enjoying the story at your own pace, just as you would any other book.

Only once you have completed a story in its entirety should you consider going back and studying the story language in more depth if you wish. Or instead of worrying about understanding everything, take time to focus on all that you *have* understood and congratulate yourself for all that you have done so far! Remember: the biggest benefits you will derive from this book will come from reading story after story through from beginning to end. If you can do that, you will be on your way to reading effectively in Norwegian!

En sprø fiskegryte

Kapittel 1 – Gjøre seg klar

'Her er jeg, Daniel,' roper Julia. Hun er ved inngangsdøren til huset.

'Hva er det, Julia?' svarer jeg.

'Vi skal til Norge i dag. Du husker det, ikke sant?'

'Selvsagt gjør jeg det. Jeg pakker.' svarer jeg.

Jeg heter Daniel. Jeg er 24 år gammel. Julia er søsteren min. Hun er 23. Vi går begge to på universitetet. Vi **deler** et hus i London. Foreldrene våre er Arthur og Sarah Bell.

Julia og jeg gjør oss klare til å reise. Vi skal til Oslo i Norge. Vi studerer norsk begge to. Vi kan allerede mye av **språket**, men vil lære mer. Dette semesteret skal vi være **utvekslingsstudenter**.

Jeg er høy, omkring 180 cm. Jeg har mellomlangt brunt hår. Jeg har grønne øyne og en stor munn. Jeg har en sterk kropp. Beina mine er sterke takket være mange timer på tennisbanen. Jeg er også en veldig flink basketballspiller.

Julia, søsteren min, har også brunt hår. Håret hennes er lengre enn mitt. Hun har ikke grønne øyne. Hun har de samme brune øyne som far. Jeg har samme øyefarge som mor.

Begge foreldrene mine arbeider. Faren min er **elektriker**. Han jobber for et stort elektrofirma. Moren min er forfatter. Hun eier også en **forretning**. Der selger de science fiction-bøker.

Foreldrene mine er virkelig flotte. De hjelper oss alltid med å nå målene våre. Begge snakker godt norsk. De snakker ofte norsk til oss. Det hjelper oss med å øve. De **oppmuntret** oss virkelig til å bli utvekslingsstudenter. Vi reiser til Norge i dag.

Far kommer inn på rommet mitt. Han ser **forbauset** på meg. Hvorfor det? Fordi jeg ikke er **påkledd**. 'Daniel! Hvorfor er du ikke påkledd?' spør far.

'Påkledd? Jeg sto nettopp opp. Jeg tok en **dusj** for fem minutter siden. Jeg er ikke tørr engang!'

'Kom igjen! Vi har ikke så god tid. Jeg skal kjøre dere til **flyplassen**. Men jeg må på jobb også.'

'Ta det med ro, far. Jeg kler på meg nå.'

'Hvor er søsteren din?'

'Hun er på rommet sitt.'

Far går inn på rommet til søsteren min. Han vil snakke med henne. Julia ser på ham idet han kommer inn. 'Å, hei far. Trenger du noe?' spør Julia.

'Ja. Broren din holder på å kle på seg. Her.' Far gir Julia en **pakke med sedler**. 'Jeg vil at dere skal ha dette, begge to.'

Julia blir **overrasket**. 'Far! Det er mye penger her,' sier hun.

'Mor og jeg har spart disse pengene. Vi vil gjerne betale for en **del** av turen til Norge.'

'Tusen takk, far,' sier søsteren min. 'Det blir veldig nyttig. Jeg skal fortelle det til Daniel.'

Julia snur seg for å gå. Hun støter nesten på meg. Hun og far hadde ikke lagt merke til at jeg var på vei inn. Faren min ser meg. 'Der er du, Daniel,' sier han. 'Og du er påkledd! Flott!'

Far peker på pengene. 'Disse pengene er til dere begge to. Det er for å hjelpe til med turen.'

'Tusen takk, far. Det blir virkelig nyttig,' svarer jeg.

Julia smiler.

'Nå må vi bli klare,' sier far. 'Vi må dra til flyplassen. Kom igjen!'

Like etter at vi har spist, forlater vi huset. Vi **drar av gårde** mot flyplassen i mors bil. Julia er veldig **engstelig.** 'Julia,' sier mor, 'Har du det bra?'

'Jeg er veldig engstelig,' svarer Julia.

'Hvorfor det?'

'Jeg kjenner ingen i Oslo. Jeg kommer bare til å kjenne Daniel.'

'Du må ikke **bekymre** deg,' svarer mor. 'Det er mange hyggelige mennesker i Oslo. Særlig Daniels venn, Henrik.'

'Ja, mamma. Du har sikkert rett. Men jeg er engstelig allikevel. Hva om det skjer noe?'

'Det går bra,' sier far.

På flyplassen er det mange mennesker som **sjekker inn.** Mange av dem reiser på grunn av jobben. Noen reiser for gledens skyld. Jeg går bort til Julia og spør henne 'Er du mer **avslappet** nå?'

'Ja, Daniel. Men jeg var veldig engstelig da vi var i bilen.'

'Ja, jeg vet det. Men alt kommer til å gå bra. Vennen min, Henrik, er veldig grei. Han hjelper ofte slike utvekslingsstudenter som oss.'

Vi får en stor **klem** av foreldrene våre. Vi **vinker** alle sammen til hverandre mens Julia og jeg drar av gårde. 'Vi er glad i dere begge to,' roper de. Det er det siste vi hører. En time senere **tar** flyet **av**. Vi er på vei mot Oslo!

Kapittel 1 Gjennomgang

Sammendrag

Daniel og Julia er studenter. De bor i London. De studerer norsk på universitetet. De drar til Norge i dag. De skal være utvekslingsstudenter i Oslo. Foreldrene deres kjører dem til flyplassen. Julia er veldig engstelig i bilen. Hun roer seg på flyplassen. Hun og Daniel drar til Norge.

Ordliste

dele to split or share

en del a part or area

språk language

utvekslingsstudent exchange student

elektriker electrician

forretning business

oppmuntre to encourage

forbauset astonished

påkledd dressed

dusj shower

flyplass airport

pakke med sedler a pile of paper money

overasket surprised

dra av gårde to go away, leave

engstelig worried, concerned, anxious

bekymre to worry

sjekke inn to check in (for a flight)

avslappet relaxed

klem to hug

vinke to wave

ta av to take off

Forståelsesspørsmål

Velg bare ett svar på hvert spørsmål.

1) Daniel og Julia bor i ___.

    a. det samme huset i London

    b. forskjellige hus I London

    c. det samme huset i Oslo

    d. forskjellige hus i Oslo

2) Daniel og Julias foreldre ___.

    a. snakker norsk, men øver ikke med barna sine

    b. snakker norsk og øver med barna sine

    c. snakker ikke norsk

    d. bor ikke i London

3) Daniel og Julia får en gave av faren til reisen. Hva er det?

    a. en bil

    b. en tur til flyplassen

    c. en science fiction-bok

    d. penger

4) Under turen til flyplassen føler Julia seg ___.

    a. lei seg

    b. glad

    c. engstelig

    d. redd

5) På flyplassen er det ___.

    a. mange av Daniels venner

    b. mange mennesker

    c. ikke mange mennesker

    d. mange barn

Kapittel 2 – Norge

Flyet vårt lander i Oslo. Henrik, vennen min, står og venter på oss på flyplassen. 'Hei, Daniel!' sier han. Han gir meg en stor klem. 'Jeg er så glad for at du er kommet!'

'Hei, Henrik! Det er godt å se deg,' svarer jeg.

Henrik ser på søsteren min. Jeg presenterer dem for hverandre. 'Henrik, dette er Julia, søsteren min.'

Henrik vender seg mot henne og gir henne en klem. 'Hei, Julia. Hyggelig å møte deg!'

Søsteren min er veldig **sjenert**. Hun er spesielt sjenert når hun møter nye mennesker. 'Hei… Henrik,' sier hun. Så rødmer hun og blir **stille**.

'Søsteren din er veldig sjenert, ikke sant?' sier Henrik til meg og smiler.

'Ja, det er hun. Men hun er snill,' sier jeg.

Kort tid etterpå drar vi til Henriks **leilighet**. Det er der vi skal bo dette semesteret. Vi tar en **drosje**. En time senere er vi i Oslo sentrum. Drosjen koster 610 kroner. Henrik sier det er den vanlige prisen til denne delen av byen. Vi betaler for drosjen og går ut.

Det er bare en kort tur til Henriks leilighet. Vi er i juni og det er ganske varmt. Det blåser en behagelig liten vind.

Vi kommer til leiligheten ved lunsjtid. Søsteren min og jeg er veldig sultne. 'Henrik,' sier jeg. 'Hvor kan vi få noe å spise?'

'Det finnes et par gode restauranter i området.'

'Hva slags mat har de?'

'En av restaurantene, *Rorbua*, har en fantastisk **fiskegryte**. Den kan jeg virkelig anbefale. Det går en buss dit. Den andre har nydelig kjøtt. Den er like ved siden av leiligheten.'

'Julia, vil du ha fiskegryte?' spør jeg søsteren min.

'Ja! Jeg er så sulten!' svarer hun.

Henrik kan ikke bli med oss. Han er lærer og har en time. Julia og jeg drar av gårde til fiskerestauranten. Det er en kort tur til busstasjonen. 'Hmm... Nå, hvilken buss er det som går til fiskerestauranten?' spør jeg Julia.

'Det vet jeg ikke...' svarer hun. 'La oss spørre.' Hun peker på en mann i hvit skjorte.

Vi går bort til mannen. Han smiler. 'Hei! Hva kan jeg hjelpe med?'

'Hei! Hvordan kommer man seg til *Rorbua*-restauranten?' spør jeg.

'Det er lett! 35-bussen går i den retningen. Den går direkte til *Rorbua*. Derimot er det noe som er litt ubehagelig.'

'Hva er det?' spør jeg.

'Den bussen er vanligvis **stappfull** på denne tiden av døgnet.'

'Javel. Tusen takk,' sier vi.

Mens vi går til den nærmeste bussholdeplassen prater Julia og jeg sammen. Hun syntes ikke det er **hyggelig** å ta den bussen. 'Daniel,' sier hun, 'La oss bare spise på restauranten som har godt kjøtt. Jeg vil ikke ta en stappfull buss.'

'Jeg skjønner, men vent! Jeg har en idé. Jeg tar bussen til *Rorbua*. Du går på den med godt kjøtt.'

'Hvorfor det?'

'Da kan vi sammenligne de to restaurantene.'

'For en god idé. Fint! Kos deg! Jeg ringer **mobilen** din senere,' sier hun mens hun går sin vei.

Jeg tar den neste bussen og setter meg ned. Jeg er veldig **trøtt**. Jeg sovner raskt. Bussrutene i Oslo er veldig bra. Jeg vet at det ikke er noe å bekymre seg for.

Jeg **våkner** en stund senere. Bussen har stoppet. Det er ingen andre på den bortsett fra meg og **sjåføren**. 'Unnskyld meg,' sier jeg. 'Hvor er vi?'

'Vi er fremme i Kristiansand,' svarer han.

'Hva? Er vi i Kristiansand? Hvordan kan det ha seg?' spør jeg.

'Vel, dette er ekspressbussen. Den går direkte fra Oslo til Kristiansand,' forteller han meg.

Jeg kan ikke tro det. Jeg tok feil buss. Og hva skal jeg gjøre med det?

Jeg takker sjåføren og går av bussen. Så tar jeg frem mobilen min. Jeg vil ringe til søsteren min, men får den ikke på. **Batteriet** mitt **er tomt**! Jeg sjekker klokken min. Den er litt over fem om ettermiddagen. Søsteren min vet ikke hvor jeg er hen. Hun er sikkert bekymret. Jeg må få tak i henne. Jeg må finne en **telefonkiosk.**

Jeg spør en dame på gaten om det er en telefonkiosk i nærheten. 'Det er det,' sier hun og peker. 'Den ligger rett der borte.'

Jeg takker henne og går mot kiosken. Men når jeg er kommet så langt, blir jeg klar over noe. Julias telefonnummer er lagret på mobilen min. Jeg kan ikke slå den på. Jeg har endelig funnet en telefon, men jeg har ikke noe nummer. Hva nå?

Jeg tenker meg om en stund. Så blir jeg klar over noe. Jeg har ikke spist siden frokost! Jeg bestemmer meg for å finne en restaurant. Jeg kan tenke på problemene mine senere.

Jeg finner en restaurant lengre opp i gaten. **Kelneren** kommer til bordet mitt. 'God kveld!' sier han, muntert.

'God kveld,' svarer jeg.

'Hva vil du ha?'

Jeg ser fort på menyen. 'Jeg vil gjerne ha... fiskegryte?' sier jeg på norsk.

'Unnskyld? Jeg forstår ikke hva du sier,' svarer han på norsk.

Jeg forsøker en gang til. Norsken min kan ikke være så dårlig. 'Hmm... Jeg vil gjerne ha fiskegryte?' Jeg peker **ivrig** på ordet *fiskegryte* på menyen. Så sier jeg det én gang til på engelsk.

Kelneren smiler og svarer på engelsk, 'Tusen takk. Jeg kommer ikke fra dette landet. Jeg er ny her og norsken min er ikke så god.'

Jeg begynner å le høyt. Folk på restauranten snur seg for å se på meg. Det blir jeg **flau** av. Jeg skulle ikke ha ledd så høyt. Men det får heller være. **Det blir litt mye**, det hele. Hele situasjonen er så **merkelig**! Søsteren min og jeg skulle spise fiskegryte sammen. Og nå sitter jeg her og spiser fiskegryte – men alene, og i Kristiansand! Og søsteren min vet ikke hvor det har blitt av meg. Det er så ironisk!

Jeg spiser ferdig middagen og betaler regningen. Så **synker virkeligheten inn**. Hva gjør jeg nå? Mobilen min virker ikke. Jeg har funnet en telefonkiosk men har ikke nummeret til søsteren min. Hva skal jeg gjøre? Så kommer jeg på noe. Jeg kan ringe til London! Jeg kan nummeret hjem til mor og far.

Jeg går tilbake til telefonkiosken. Jeg ringer opp nummeret til foreldrene mine. Det ringer fire ganger. Endelig svarer mor 'Hallo?'

'Hei, mor, det er Daniel.'

'Daniel?' sier hun. 'Hvordan har du det? Hvordan er Oslo?'

'Det er fint. Hm... mor. Jeg har et problem.'

'Hva er det? Har det skjedd noe galt? '

'Nei, ikke noe galt, mor. Kan du ringe opp til Julia er du snill? Fortell henne at jeg er i Kristiansand. Og fortell henne at batteriet mitt er tomt.'

'I Kristiansand? Hva gjør du i Kristiansand?'

'Det er en lang historie, mor. Jeg gir deg detaljene senere.'

Vi sier farvel. Jeg bestemmer meg for å finne meg et hotellrom. Det er et ledig lengre oppe i gaten. Jeg kan dra tilbake til Oslo i morgen. Akkurat nå trenger jeg søvn.

Jeg betaler for én natt med kontanter, siden jeg ikke har noen kredittkort med meg. Jeg går inn på rommet mitt, kler av meg og legger meg. Jeg slår av lyset og sovner. Jeg er veldig trøtt. For en **sprø** dag!

Kapittel 2 Gjennomgang

Sammendrag

Daniel og Julia ankommer Oslo. Henrik, Daniels venn, venter på dem på flyplassen. Alle sammen drar til Henriks leilighet. Daniel og Julia er sultne. Henrik foreslår to restauranter. Julia går til en restaurant med godt kjøtt. Daniel tar bussen til en fiskerestaurant. Daniel sovner på bussen. Han våkner opp i Kristiansand! Telefonen hans virker ikke. Han husker ikke søsterens nummer. Til slutt ringer han til moren sin. Så tar han inn på et hotell for natten.

Ordliste

sjenert shy

stille calm, quiet

drosje taxi, (*Am. English*) cab

leilighet flat, (*Am. English*) apartment

fiskegryte fish stew

stappfull packed, crammed

hyggelig pleasant, nice, enjoyable

mobil mobile (phone), (*Am. English*) cell (phone)

trøtt tired

våkne to wake up

sjåfør driver; chauffer

batteriet er tomt the battery has died

telefonkiosk phone box, (*Am. English*) phone booth

kelner the waiter in a restaurant

ivrig in an excited way

flau to be embarrased

det blir litt mye it's all too much

merkelig strange; unusual

virkeligheten synker inn reality sinks in

sprø crazy, silly or stupid

Forståelsesspørsmål

Velg bare ett svar på hvert spørsmål.

6) Henrik er ___.

    a. en som arbeider på flyplassen

    b. en venn av foreldrene til Daniel og Julia

    c. Julias venn

    d. Daniels venn

7) I Oslo, er det ___.

    a. kaldt

    b. varmt

    c. hverken kaldt eller varmt

    d. varmt på fjellet og kaldt ved Skagerak

8) Etter flyplassen drar Julia og Daniel til ___.

    a. en restaurant

    b. leiligheten til en venn av Henrik

    c. Henriks leilighet

    d. Kristiansand

9) Daniel kan ikke få tak i søsteren sin fordi ___.

    a. batteriet på mobilen er tomt

    b. han har ikke noen penger

    c. det finnes ingen telefonkiosk

    d. han har glemt mobilen

10) Daniel overnatter ___.

    a. på et hotell i Oslo

    b. på bussen

    c. på et hotell i Kristiansand

    d. på flyplassen

Kapittel 3 – Motorveien

Jeg står opp tidlig og tar en dusj. Jeg bestiller noe mat på rommet. Jeg har lite penger på dette tidspunktet. Men jeg er sulten igjen, så jeg tar meg god tid og **nyter** maten.

Etterpå kler jeg på meg og drar. Jeg legger merke til hvor mye klokken er på en klokke i gangen. Den er ti om morgenen. Jeg lurer på om mor har snakket med Julia allerede. Søsteren min er et nervøst menneske. Jeg håper hun har det bra.

Jeg kommer til **inngangen** til hotellet. Idet jeg går ut, stopper jeg og lurer, 'Hvordan skal jeg komme meg tilbake til Oslo?' Jeg har brukt opp mesteparten av pengene mine på hotellet. Jeg vet ikke hvor det finnes en bank. Jeg kan ikke ta ut penger av kontoen min. Og Julia venter antageligvis på meg. Jeg må finne en **løsning** raskt!

Da legger jeg merke til to arbeidere. De bærer bokser bort til en **lastebil**. På lastebilen er det et bilde av et forretningsmerke. Jeg ser nærmere på det og begynner å le høyt. Jeg slutter fort. Jeg vil ikke bli flau igjen! Jeg kan ikke tro det. Bildet på lastebilen er en fiskegryte. Lastebilen tilhører *Rorbua*-restauranten!

Jeg går bort til en av arbeiderne. 'Hei,' sier jeg.

'God morgen,' svarer han. 'Hva kan jeg hjelpe deg med?'

'Jobber du for denne restauranten i Oslo?' spør jeg og peker på bildet på lastebilen.

'Nei, jeg er bare lastebilsjåføren,' sier mannen.

'Kjenner du til *Rorbua*-restauranten?'

'Ja, vi kjører grønnsaker dit hver uke. Det er til fiskegryta deres, men jeg jobber ikke der.'

Sjåføren går inn i lastebilen. Plutselig får jeg en idé! 'Unnskyld?' sier jeg.

'Ja?' svarer sjåføren.

'Kan jeg få sitte på tilbake til Oslo?' spør jeg.

'Nå?' sier han.

'Ja,' svarer jeg. 'Jeg har svært lite penger og må komme meg tilbake til søsteren min!'

Sjåføren tenker seg litt om. Så svarer han. 'OK, jeg **antar** det. Kom deg inn i lastebilen. Sett deg ned mellom potetkassene. Og ikke si det til noen!'

'Det skal jeg ikke. Tusen takk,' sier jeg.

'Helt greit,' sier han. Så legger han til, 'Du må forte deg, vær så snill, jeg må dra nå. Jeg kan ikke bli forsinket.'

Jeg kommer meg inn bak i lastebilen. Jeg setter meg ned mellom et par potetkasser. Sjåføren starter lastebilen. Vi kjører avsted mot Oslo. Jeg syntes jeg har fått en flott idé. En lastebil går fortere enn en buss. Jeg kan spare litt tid på den måten. Dessuten koster det meg ikke noe. Jeg lener meg fornøyd tilbake for å nyte turen.

Det er veldig mørkt bak i lastebilen. Jeg kan ikke se noe. Jeg hører bare **motoren** på lastebilen og de andre bilene på motorveien. Plutselig er det noe som rører på seg i lastebilen. Det er et annet menneske **blant** potetkassene! 'Hei?' sier jeg.

Stillhet.

'Er det noen der?' spør jeg på engelsk.

Mere stillhet. Jeg vet det er noen der. Han eller hun er et sted mellom kassene. Til slutt reiser jeg meg og går bortover. For en overraskelse! Det er en eldre mann. Han **gjemmer seg** blant kassene.

'Unnskyld,' sier jeg, 'men hvem er du?'

'La meg være, er du snill,' svarer mannen. Han snakker perfekt engelsk!

'Hva gjør du her?' spør jeg.

'Jeg reiser til Oslo.'

'Vet sjåføren at du er her?'

'Nei, det gjør han ikke. Jeg kom meg inn i lastebilen mens du snakket til ham.'

'Skjønner,' sier jeg.

Plutselig stopper sjåføren. Han kommer ut og går bakover. Den gamle mannen ser **bekymringsfullt** på meg. 'Hvorfor stoppet han?'

'Det vet jeg ikke.'

Det kommer støy fra bakdøren.

'Jeg må gjemme meg!' sier mannen.

Sjåføren kommer inn i lastebilen. Han ser bare meg. Den gamle mannen gjemmer seg blant kassene.

'Hva er det som skjer her?' spør han meg.

'Ingenting.'

'Hvem var det du snakket med?'

'Jeg? Ingen. Det er ikke noen andre her. Kan du ikke se det?'

'Hør her. Vi er ikke i Oslo enda. Jeg vil ikke ha noe bråk. Forstår du det?'

'Det forstår jeg godt,' svarer jeg.

Sjåføren lukker døren. Han går tilbake til førersetet. I det samme øyeblikket kommer den eldre mannen frem mellom kassene. Han ser på meg med et smil. Jeg er **heldig** siden han ikke så meg!' sier han.

'Ja, det er du,' sier jeg. 'Så si meg, hvorfor reiser du fra Kristiansand til Oslo i en lastebil?'

'Vil du virkelig vite det?'

'Ja, selvsagt!'

'Da må du la meg fortelle deg en liten historie.'

'Med glede! Det er en lang tur!'

Den eldre mannen forteller meg historien sin. 'Jeg har en sønn. Men jeg har aldri møtt ham. Moren hans og jeg var sammen for mange år siden. Vi passet ikke så veldig godt sammen. Men jeg var glad i henne. Så dro jeg til USA. Det var på grunn av en jobb. Jobben gikk ikke så bra. Jeg kunne ikke dra tilbake lenger.' Han tok en pause. Så fortsatte han, 'Hun flyttet sin vei. Og jeg så aldri hverken henne – eller sønnen min – igjen. Nylig fant jeg ut hvor de bor.'

'I Oslo?'

'Akkurat.'

'Hvor gammel er sønnen din?'

'Han er 24.'

'Han er like gammel som meg!'

Den eldre mannen ler. 'Litt av en **tilfeldighet**!'

'Ja, det er det!'

Etter en stund med stillhet, reiser jeg meg for å **strekke på beina**. 'Hva heter sønnen din?' spør jeg mannen.

'Han heter Henrik. Han har en leilighet I Oslo. Den ligger i det samme området som restauranten som heter *Den gamle Rorbua*. Det er derfor jeg er i denne lastebilen.'

Den gamle Rorbua, som også går under navnet *Rorbua*. Mannen i lastebilen er Henriks far. Jeg kan ikke tro det!

Kapittel 3 Gjennomgang

Sammendrag

Daniel våkner og spiser på hotellrommet i Kristiansand. Da han drar fra hotellet ser han en lastebil. Den tilhører Rorbua-restauranten. Daniel spør sjåføren om å ta ham med tilbake til Oslo. Sjåføren sier ja. Inne i lastebilen møter Daniel en eldre mann. Mannen skal også til Oslo. Han leter etter sønnen sin, som heter Henrik. Mannen er faren til Henrik, Daniels venn.

Ordliste

nyte to enjoy

inngang entrance

løsning solution

lastebil lorry, (*Am. English*) truck

anta to assume

motor motor

blant among

stillhet silence

gjemme (seg) to hide

bekymringsfullt with concern

heldig lucky

tilfeldighet coincidence; chance; accident

strekke på beina to strech (one's) legs

Forståelsesspørsmål

Velg bare ett svar på hvert spørsmål.

11) Daniel våknet antageligvis opp klokken ___.
    a. 10:15
    b. 10:00
    c. 9:00
    d. 12:15

12) Lastebilsjåføren ___.
    a. jobber på hotellet
    b. jobber på *Rorbua*-restauranten
    c. jobber bare som sjåfør
    d. jobber for en annen restaurant

13) Daniel møter ___ i lastebilen.
    a. en ung mann
    b. en ung kvinne
    c. en annen sjåfør
    d. en eldre mann

14) Personen i lastebilen reiser for å ___.
    a. jobbe på *Rorbua*
    b. jobbe som sjåfør
    c. besøke faren sin
    d. besøke sønnen sin

15) Personen i lastebilen er ___.
    a. faren til Daniel
    b. faren til Henrik
    c. moren til Julia
    d. moren til Daniel

Kapittel 4 — Hjemkomsten

Mannen og jeg snakker lite på reisen til Oslo. Jeg nevner ikke at jeg kanskje kjenner sønnen hans. Til slutt kommer *Rorbua*-lastebilen frem. Sjåføren slår av motoren. Den eldre mannen og jeg går ut bakdøren. Den eldre mannen gjemmer seg blant menneskene på gaten. Jeg takker sjåføren. 'Bare hyggelig,' sier han. 'Ha en fin dag!'

Jeg snur meg omkring. Den eldre mannen ser på restauranten. Endelig er det *Rorbua*! Vi går inn begge to. Det er ingen der. Klokken er tre om ettermiddagen. Det er fremdeles for tidlig for **middag**.

'Hva vil du gjøre for noe?' spør jeg mannen.

'Jeg er ikke sulten,' svarer han. 'Jeg vil dra til leiligheten til sønnen min. Vil du bli med meg?'

'Klart det,' svarer jeg.

Den eldre mannen har Henriks adresse. Vi tar 35-bussen i stillhet. Så går vi til Henriks leilighet. Han vet fremdeles ikke at Henrik er vennen min. Henrik snakker ikke om faren så veldig ofte. Jeg vet at Henrik og mannen aldri har møtt hverandre.

Jeg klarer bare ikke å bestemme meg på dette tidspunktet. Skal jeg fortelle ham at jeg kjenner Henrik? Skal jeg holde det for meg selv?? Jeg kommer endelig frem til en beslutning. Jeg skal tie stille. Jeg vil at møtet skal være en stor overraskelse.

Vi kommer frem til bygningen og går inn. 'God dag!' sier **vaktmesteren**.
'Hei,' svarer vi.
Den eldre mannen går bort til vaktmesteren. Han vil vite hvilket nummer det er på Henriks leilighet.
'La meg ta meg av dette,' sier jeg.

Vi tar **heisen** opp i tredje etasje. Vi går ut og mot leiligheten.
'Det er her,' sier jeg til den eldre mannen.
'Hvordan vet du det?' spør han.
Endelig forklarer jeg det. Jeg forteller ham at jeg har kjent Henrik i mange år. Det var bare en tilfeldighet – eller **skjebnen** – som gjorde at han og jeg var i den samme lastebilen. Først kan han ikke tro det. Så godtar han skjebnen sin. Han gleder seg til å møte sønnen sin.

Vi ringer på døren, men det er ingen som svarer.
'Julia? Henrik?' roper jeg. 'Er det noen hjemme?' Fremdeles er det ingen som svarer. Jeg forklarer at søsteren min og jeg også bor i leiligheten og tar frem nøkkelen min for å åpne døra.
'Hvor er de?' spør mannen.
'Jeg vet ikke. Men de burde være her snart.'

Vi går inn i leiligheten. Jeg finner laderen til mobilen. I de neste 15 minuttene lader jeg telefonen min. Etterpå ringer jeg søsteren min. Telefonen hennes ringer en gang. Hun svarer raskt! 'Daniel! Endelig! Mor ringte, men jeg var så bekymret!'

'Hei, Julia. Ta det med ro. Jeg har det bra. Jeg er hjemme hos Henrik. Jeg er sammen med noen.'

'Hvem er det?'

'Vel, det er en lang historie. Kom tilbake til leiligheten. Hvor er du hen?'

'Jeg snakket med mor i dag tidlig. Hun fortalte meg om Kristiansand. Henrik og jeg ventet på deg hele natten! Vi gikk bare ut for å spise lunsj. Vi er på vei tilbake nå.'

'Javel. Vi venter på dere her.'

En halv time senere kommer Henrik og Julia frem til leiligheten. 'Hei, Daniel, vi er glad for å se deg!' sier Henrik. Så vender han seg mot den eldre mannen. 'Og hvem er du?' spør han.

Før mannen kan svare, sier jeg 'Um... Henrik, jeg har noe viktig å fortelle deg.'

'Hva skjer?' spør han.

'Henrik, det er faren din,' sier jeg.

Først er Henrik helt **sjokkert**. 'Faren min? Det er **umulig**!'

Den eldre mannen ser på ham. 'Er du Henrik?' spør han.

'Ja, det er meg. Det er ikke mulig at du er faren min!' svarer Henrik.

'Navnet mitt er Anton Såmund. Jo, jeg er faren din.'

Mannen forteller historien sin. Henrik **innser** snart at det virkelig er faren hans. Litt **klosset** gir han den eldre mannen en klem. Etter så mange år møtes de endelig. Ingen av dem er helt sikre på hva de skal gjøre.

Endelig smiler Henrik og sier, 'Vel, jeg antar dette fortjener en **feiring**!'

'Det er jeg enig i,' sier faren hans.

'Skal vi gå på *Rorbua*?' sier Julia.

Jeg ser forbauset på Julia. 'Nei, jeg vil ikke ha fiskegryte! Jeg vil aldri spise det mer!' Hun ser på meg og ler. 'Jeg vil ikke nærme meg den restauranten engang!' fortsetter jeg. 'Og jeg vil heller ikke ta en buss på lang tid! Jeg vil ha pizza!'

Da **brister alle ut i latter**. Etter en stund ler også jeg.

'For en sprø dag!' sier jeg.

'Ja,' svarer Henrik. 'Virkelig en helt sprø dag!'

Kapittel 4 Gjennomgang

Sammendrag

Daniel og den eldre mannen ankommer Oslo. De går inn på *Rorbua* restauranten. Siden det er tidlig, er det ingen der. Så går de til Henriks leilighet. Det er ikke noen der heller. Daniel lader opp telefonen sin. Han ringer til Julia. Hun er ute med Henrik. Julia og Henrik kommer tilbake til leiligheten. Daniel gjør Henrik kjent med faren sin. De bestemmer seg for å feire med en middag. Men Daniel vil ikke ha fiskegryte, han vil ha pizza.

Ordliste

middag dinner, supper
vaktmester caretaker, janitor
heis lift, (*Am. English*) elevator
skjebne destiny
sjokkert shocked
umulig impossible
innse to realize
klosset clumsy, awkwardly
feiring celebration
briste ut i latter to burst out laughing

Forståelsesspørsmål

Velg bare ett svar på hvert spørsmål.

16) Den eldre mannen og Daniel går først til ___.
   a. Henriks leilighet
   b. en telefonkiosk
   c. *Rorbua*-restauranten
   d. flyplassen

17) Når de kommer til leiligheten ___.
    a. er Julia og Henrik er
    b. er bare Julia der
    c. er bare Henrik der
    d. er det ingen der

18) Det første Daniel gjør, er ___.
    a. å lade mobilen sin
    b. å lage middag
    c. å ringe til Henrik
    d. å ringe til foreldrene sine

19) Deretter, ringer Daniel til ___.
    a. foreldrene sine
    b. Henrik
    c. Julia
    d. lastebilsjåføren

20) For feiringen vil Julia til ___.
    a. Rorbua
    b. en pizza restaurant
    c. London
    d. Kristiansand

En svært uvanlig utflukt

Kapittel 1 — Skapningen

Heddalsvannet er en **innsjø** som ligger sydvest for Oslo. Den ligger i Telemark, en kjent landsdel. Det er populært for familier å dra dit. Folk går ofte dit for å ta bilder. Om sommeren drar man dit for å nyte naturen.

Telemark er en landsdel med veldig **mildt vær**. Det er ofte skyete og somrene er ikke for varme. **Turgåere** elsker Telemark på grunn av det. Kari er en av disse turgåerne. Hun bor i nærheten av Heddalsvannet. Hun elsker både naturen og det å gå på tur. Hun går ofte på tur i juni og juli. Da er det pent vær og ikke for varmt. Hver helg pakker hun **ryggsekken** sin og går på tur i **skogen** langs innsjøen.

Ole, en god venn, er også glad i å gå på tur. Han går ofte på tur sammen med henne. Forrige helg bestemte de seg for å ta en tur langs Heddalsvannet. Det ble til en svært uvanlig **utflukt** til slutt!

Kari og Ole møttes på starten av turen. 'Hei, Kari!' **ropte** Ole langt borte fra.

'Hei, Ole!' svarte Kari.

'Jeg er der straks!' ropte Ole og løp mot Kari.

'Senk farten, Ole. Du blir sliten.'

'Det går bra, jeg har tatt med energidrikker til turen,'
sa Ole. Han pekte på den svære ryggsekken sin og lo.

De to vennene var veldig glade for å se hverandre.
De pratet litt sammen. Og så begynte de på utflukten
sin.

Etter noen få kilometer forandret **stien** seg. Den
delte seg i to.

'I hvilken retning skal vi gå?' spurte Kari. 'Til venstre
eller til høyre?'

'La oss ta til venstre,' svarte Ole.

'Vel, um, jeg tror jeg foretrekker å ta til høyre.'

'Hvorfor det?'

Kari så på skogen som lå ved den venstre stien. Så
svarte hun, 'Det går noen **rykter** om den stien. Folk
har sett en stor, hårete **skapning** der.'

'Er det sant? Tror du på de historiene?'

'Um, jeg vet ikke. Jeg **antar** vi kan gå den veien…'
sa Kari. Hun så bekymret ut.

'Kom igjen, Kari. La oss prøve!' Ole oppmuntret
henne. Kari ga ham et bekymret blikk. Og så gikk de
videre på stien til venstre.

En time senere var Kari og Ole fremdeles på stien.
Det var trær på alle kanter rundt dem. Det var sent
om ettermiddagen. Kari spurte Ole, 'Tror du det finnes
merkelige skapninger i denne skogen?'

'Jeg tror ikke det.'

'Hvorfor ikke?'

'Vel, jeg har aldri sett en merkelig skapning. Har
du?'

'Ikke i denne skogen.'

'Akkurat. Det betyr altså at vi er **trygge**!'

Kari lo. 'Jeg antar det!'

De fortsatte på turen sin.

Flere kilometer senere var de to vennene fremdeles på vei. Solen lå lavt på himmelen. Plutselig kom de ut av skogen. Foran dem lå den lille innsjøen.

Ole og Kari så seg rundt. Det var et hus i nærheten av innsjøen. Det var et **tre**hus som så veldig gammelt ut. 'Se på det, Ole,' ropte Kari. 'Se der!'

'Hvor?'

'Der! Det ligger et hus der! Det er et trehus.'

'Å, nå ser jeg det! La oss gå og kikke på det!'

'Hva? Men hva om det er noen der?'

'Vær ikke **redd**, Kari. Jeg er sikker på at det ikke er noen der.'

De to vennene gikk mot huset. Før de gikk inn, så de på stedet.

'Huset ser ut som det ble bygget for lenge siden,' sa Kari. 'Se på tilstanden på vinduene! Glasset er veldig gammelt. Og treverket er ordentlig gammelt det og!'

'Ja,' svarte Ole. 'Jeg vil si det er minst 50 år gammelt. Men jeg vil ikke si det er **stygt**. Det er noe jeg liker ved stedet.'

Ole så seg omkring. Plutselig ropte han, 'Hei, Kari! Kom her!' Det lå en liten **båt** ved innsjøen. Det var en gammel trebåt. Den lå i vannet ved strandkanten. Ole så på Kari. 'La oss gå ombord!'

'Nå **tuller du**!' svarte Kari. 'Hvorfor det?'
'Vi kan dra til midten av innsjøen!'
'Jeg vet ikke.'
'Kom igjen! La oss gjøre det! Det blir moro!'
'OK...' sa Kari. Hun hørtes ikke noe glad ut.

Kari og Ole gikk ombord i båten med ryggsekkene sine. De **rodde** sakte et stykke utover innsjøen. Kari så seg omkring. 'Det er så fint her!' kommenterte hun.
'Ja, jeg er enig. Det er mye skog og vi ser fremdeles solen helt fint.'
'Jeg er så glad for at vi kom ut hit. La oss ha noe å spise. Vil du ha noe?'
'Klart! Hva skal du ha?'
Kari tok frem både kjeks og smørbrød fra ryggsekken sin. Ole tok frem energidrikkene.
'Hva vil du ha?'
'Smørbrødene ser gode ut.'
'Klart! Bare forsyn deg.'
'Tusen takk, Kari!'

De to vennene spiste smørbrødene sine ute på innsjøen. Plutselig hørte de noe støy.
'Hørte du det?' sa Ole.
'Ja, det gjorde jeg,' svarte Kari. Hun hørtes redd ut.
'Jeg tror det kom fra huset.'
'Det tror jeg også!'
'La oss gå å se!'
Kari så **forbauset** på Ole. 'Mener du det?' sa hun.
'Ja, kom igjen!'

Ole og Kari rodde tilbake til stranden. De tok på seg ryggsekkene sine. Så gikk de sakte tilbake til det gamle trehuset.

'Kari, jeg vil inn i huset.'

'Hvorfor det? Var det ikke meningen at vi skulle gå på tur? Ute i den friske luften? *Ikke* inne?'

'Joda. Men det er mange spennende ting i skogen. Jeg liker å **utforske** spennende ting.'

'Jeg er ikke sikker på.'

'Kom igjen. La oss gå inn i huset,' foreslo Ole igjen. Til slutt ble Kari enig.

Kari og Ole tok noen skritt mot huset. De åpnet døren og gikk inn. Alt som var inne i huset var veldig gammelt. Det hadde ikke bodd noen der på veldig lang tid. Det var **støv** overalt.

'Kari, se på dette,' sa Ole. Stemmen hans hørtes rar ut.

'Hva er det?'

'Se her, ved siden av vinduet.'

Kari så på det. I støvet på gulvet var det flere store **fotavtrykk**.

'Hva tror du disse fotavtrykkene kan være fra?' spurte Ole.

'Jeg tror det er fotavtrykk etter en bjørn!' svarte Kari.

'En bjørn, Kari?! Det finnes ikke noen bjørn i dette området! Den nærmeste bjørnen er flere hundre kilometer unna!'

'Da vet jeg ikke. Men la oss komme oss ut herfra!'

Plutselig hørte de to vennene en høy lyd fra kjøkkenet. Kari og Ole løp bort. De trodde ikke sine egne øyne. En stor hårete skapning sto på kjøkkenet! Den snudde seg raskt, gikk ut bakdøren og løp sin vei. Skapningen laget mye bråk. Den ødela til og med døren da den dro.

Kari og Ole sto helt stille. Skapningen **forsvant** inn i skogen. Kari kunne ikke si et ord. 'Hva *var* det?' spurte Ole. Det visste de ikke.

Kapittel 1 Gjennomgang

Sammendrag

Kari og Ole går på tur i området rundt Heddalsvannet. De kommer til den lille innsjøen. I nærheten av innsjøen ligger det et gammelt hus og en båt. De drar ut på innsjøen i båten. Så hører de en høy lyd. De drar tilbake og går inn i huset. På kjøkkenet ser de en merkelig skapning. Skapningen løper ut av huset. Den løper inn i skogen. Kari og Ole vet ikke hva skapningen er for noe.

Ordliste

innsjø lake

mildt vær mild weather

turgåer hiker

ryggsekk backpack

skog woods

utflukt excursion

rope to shout

sti path

dele to split or share

rykte rumour

skapning creature

antar to assume

merkelig strange or unusual

trygg safe

tre- wood(-en)

redd scared, frightened

stygg ugly

båt boat

strand shore/beach

Tuller du? Are you kidding?

ro to row

forbauset astonished

utforske explore

støv dust

fotavtrykk footprint

forsvinne to disappear

Forståelsesspørsmål

Velg bare et svar på hvert spørsmål.

1) Kari og Ole er i ___.
   a. Oslo
   b. Telemark
   c. Nordland
   d. Sør-Norge

2) De er på tur til en ___.
   a. innsjø
   b. strand
   c. liten by
   d. by

3) Mens de går bortover en sti kommer de over ___.
   a. en liten by
   b. en by
   c. en butikk
   d. et hus

4) Når de ser båten som ligger på innsjøen ___.
   a. går de ikke opp i den
   b. sover de i den
   c. bestemmer de at det ikke er trygt å gå opp i den
   d. ror de ut på innsjøen

5) Mens de er ute på innsjøen, hører Kari og Ole en høy lyd som kommer fra ___.
   a. båten
   b. huset
   c. innsjøen
   d. skogen

Kapittel 2 – Letingen

'Så du det, Kari?' sa Ole.

'Ja!' svarte Kari. 'Hva var det?'

'Jeg vet ikke! Men det var veldig stort og stygt!'

'Ja... som en slags skapning!'

Ole så på Kari og sa: 'La oss gå etter den!'

'Tuller du?' svarte Kari. '**Aldri i livet!**'

'Kom igjen! Vi er her for å utforske ting! La oss følge etter den.'

'Å, Ole! Jeg er ikke så sikker på.'

Ole og Kari dro fra det gamle huset. De fulgte skapningens fotavtrykk inn i skogen. De så seg omkring. Til slutt sa Ole, 'Den skapningen kan være hvor som helst. Vi må **skille lag**.'

'Skille lag?' sa Kari helt forbauset. 'Er du **sprø**, Ole? Det er en merkelig skapning der ute, og vi vet ikke hvor den er!'

'Jeg vet det,' svarte Ole. 'Men vi kunne ta et bilde av den. Vi kunne komme i nyhetene.'

'Hva?'

'Kom igjen, Kari,' sa Ole. 'Kanskje det er et fremmed dyr! Kanskje det aldri er blitt tatt bilde av det før!' Han så på Kari og fortsatte: 'De kunne skrive en artikkel om oss! Jeg kunne kanskje bli intervjuet på TV! Vi kunne...'

'Stopp! Du er helt sprø, Ole. Jeg burde ikke oppmuntre deg, men greit, la oss skille lag.'

Ole gikk i en retning. Kari gikk i den andre. Kari så ikke noe tegn til skapningen. Hun tenkte mer på det hele. Til slutt fant hun den enkleste forklaringen. Hun og Ole hadde **innbilt seg** skapningen. Det var ikke en virkelig skapning.

Kari så Ole i skogen noen få minutter senere. Det var nesten mørkt. Hun fortalte Ole om det hun hadde kommet frem til. Hun sa skapningen ikke var ekte. Ole var ikke enig. Han var sikker på at den var helt ekte. De måtte bare bevise det.

Plutselig så Ole et **skogkratt**. Han ville se etter om skapningen var *der* inne. Han ba Kari om å vente. Ole smilte og **vinket** til henne da han gikk inn i krattet.

Kari ventet på at Ole skulle komme tilbake. Hun ventet en god stund. Ingen Ole å se. Hun ventet nesten en halvtime. Fremdeles ingen Ole!

Kari så på **mobilen** sin. Den hadde ikke **dekning**. Hun kunne ikke ringe etter hjelp engang. Nå var hun redd. Men hun kunne ikke bare forlate Ole!

Plutselig kom hun på noe, 'Kanskje han dro tilbake til huset! Kanskje alt sammen bare er en **spøk**!'

Kari gikk tilbake til det gamle huset. Hun så seg rundt. Fremdeles ingen Ole. Hun bestemte seg for å vente. Siden han spøkte med henne, kunne hun også spøke. Hun planla å oppføre seg helt normalt. Hun skulle late som om det ikke gjorde noe som helst at han var forsvunnet. Ha! Det skulle bli morsomt!

Det var en gammel seng i det største rommet. Hun satte seg ned og tok ut et smørbrød fra ryggsekken.

Hun spiste det og tenkte på Ole. Hvor var han blitt av? Hva skulle hun gjøre?

Mens Kari tenkte seg om, ble hun søvnig. Hodet hennes kunne ikke fungere helt. For en dag! 'Jeg venter bare på Ole her, og...' Det var den siste tanken hennes før hun sovnet.

Kari **våknet** tidlig neste morgen. Ole var fremdeles ikke der! Hun håpet hele opplevelsen bare var en drøm. Men hun innså at den ikke var det. Hun var veldig bekymret. Kanskje dette ikke var noen spøk allikevel.

Kari bestemte seg for å dra til den nærmeste byen. Hun gikk tilbake på den samme stien. Hun kom frem til en liten by til slutt. Selv om det var søndag var det mange mennesker ute. Kari forsøkte mobilen sin igjen. Fremdeles ingen dekning. Ikke i det hele tatt! Hun trengte en telefon og det ganske raskt!

Kari gikk til en restaurant i nærheten. Det var mange mennesker der også. Kari visste ikke hva hun skulle si. Det var en svært uvanlig situasjon! Til slutt bestemte hun seg for ikke å si noe som helst. Hun gikk bort til eieren og spurte, 'Hei, kan jeg få lov til å bruke telefonen din?'

'Selvfølgelig kan du det. Den henger på veggen der borte.'

'Tusen takk.'

Kari ringte først Oles nummer. Han svarte ikke. Kanskje det var noe feil med telefonen? Så bestemte hun seg for å ringe hjem til Ole. Telefonen ringte flere ganger. Hvorfor var det ingen som svarte? Broren til Ole var vanligvis hjemme om morgenen. Ikke i dag.

Kari ringte en gang til, men det var fremdeles ikke noe svar. Hun la igjen en **beskjed**. 'Hvor er du hen, Ole!?' spurte hun.

Kari forlot restauranten. Hun sto på gaten og tenkte seg om en god stund. Kari var en selvstendig ung kvinne. En ung kvinne som **tenkte seg grundig om**. 'Greit,' tenkte hun. 'La oss finne ut av dette! Kanskje han gikk seg vill i skogkrattet. Og da han kom seg ut, var jeg forsvunnet. Da gikk han hjem. Det må det være!' Kari måtte dra hjem til Ole igjen. Hun løp tilbake til restauranten og bestilte en **drosje**.

En halv time senere var Kari hos Ole. 'Det blir fem hundre og nitti kroner,' sa sjåføren. 'Her har du seks hundre,' sa Kari. 'Behold vekslepengene.'
'Takk. Ha en fin dag.'

Kari gikk ut av drosjen og bort mot hjemmet hans. Huset var veldig stort og vakkert. Det var på to etasjer og hadde hage. Det lå i et veldig fint **strøk**. Det var store hus og butikker overalt. Bilen til Ole var parkert foran huset. Var Ole hjemme? Hadde han ringt familien sin?

Kari sjekket mobilen sin. Hun hadde fått dekning nå, men det lå ingen melding der. Hun ringte Ole igjen. Hun la igjen en ny beskjed og sa hun var bekymret. Hun ba ham kontakte henne med en gang!

'Jeg skjønner ikke,' tenkte hun. 'Ole har kjørt bilen sin hjem. Så hvorfor har han ikke ringt meg?' Kari banket på døren. Det var ikke noe svar. Hun **banket** på tre ganger, men det var ingen som svarte.

Kari var bekymret. Hun dro til venninnene sine, Liv og Ellen. Venninnene hennes var ikke hjemme de heller. Hun forsøkte å ringe. Telefonene deres var slått av! Det var noe merkelig på gang. Hun skjønte bare ikke hva det var. Alle vennene hennes hadde forsvunnet!

Kari visste ikke hva hun skulle gjøre. Hun ville ikke ta kontakt med politiet. Hun visste Ole var trygg siden bilen hans var hjemme. Det var ingen venner i nærheten hun kunne be om hjelp. Kari bestemte seg for noe hun ville gjøre. Hun ville finne Ole på egen hånd!

Kari tok en ny drosje tilbake til Heddalsvannet. Hun tok stien inn i skogen nær huset. Etter en liten stund fikk hun øye på det gamle trehuset. Men denne gangen var noe annerledes: lyset var på inni huset!

Kapittel 2 Gjennomgang

Sammendrag

Kari og Ole leter etter en merkelig skapning i skogen. Ole forsvinner. For å finne ham, går Kari tilbake til det gamle trehuset. Han er ikke der. Hun sovner. Hun våkner neste morgen. Ole er der fremdeles ikke. Hun er bekymret. Hun ringer til Ole. Han svarer ikke. Hun drar hjem til ham. Hun ser bilen hans. Men hun kan ikke finne ham og ikke finner hun venninnene sine heller. Til slutt drar hun tilbake til det gamle huset. Lyset er på i huset.

Ordliste

Aldri i livet! No way!

skille lag to split up

sprø crazy, silly or stupid

innbille seg to imagine

skogkratt thicket

vinke to wave

mobil mobile (phone), (*Am. English*) cell (phone)

dekning (mobile/cell phone) service

spøk joke

våkne to wake up

beskjed message

tenke seg grundig om to think things through

drosje taxi, (*Am. English*) cab

strøk neighbourhood

banke to knock

Forståelsesspørsmål

Velg bare et svar på hvert spørsmål.

6) Først tror Kari at skapningen er ___.

a. virkelig

b. en spøk

c. Ole

d. noe hun har innbilt seg

7) Senere, kommer Ole over ___.

a. et spesiellt tre

b. et annet hus

c. Karis bil

d. et skogkratt

8) Kari sovner i ___.

a. skogen

b. båten ute på innsjøen

c. en seng i huset

d. byen

9) Når hun våkner ___.

a. går hun til en nærliggende by

b. går hun til skogkrattet

c. ringer hun til Oles foreldre

d. ringer hun til sine foreldre

10) Når hun kommer tilbake til Heddalsvannet, ser Kari at ___.

a. (det er) en brann i huset

b. (det er) lys på i huset

c. skapningen er i huset

d. Ole er i huset

Kapittel 3 – Overraskelsen

Kari kunne ikke tro det. 'Det er lys på i huset!' ropte hun. Hun fulgte stien ned til innsjøen. Ryggsekken lot hun ligge ved et tre. Kari gikk bort til huset.

Det var sent på ettermiddagen, men hun så **helt sikkert** oransje lys på inne i huset. Hun gikk rundt utsiden av huset. Hun ville ta en titt på hvem som var der inne. Det måtte være Ole!

'Hallo?' ropte hun. 'Det er Kari!' Ingen svarte. Plutselig kom det en høy lyd fra huset. 'OK, Ole,' tenkte Kari. 'Dette er ikke noe morsomt lenger!' Kari gikk bort til døren og åpnet den. Hun var helt uforberedt på det hun så.

Alle hun kjente var der! Det var så mange mennesker inni huset! Moren hennes var der og andre familiemedlemmer, til og med venninnene hennes Liv og Ellen var der!

'Kari!' ropte moren. 'Jeg er så glad for å se deg her!'

'Hei,' sa Kari **forsiktig**. 'Hva skjer?'

'Vel,' sa moren hennes. 'Sett deg ned. La meg forklare.'

Kari satte seg ned på den gamle sengen. 'Hva skjer?' sa hun en gang til. Alle rundt henne så bekymret ut. Det var ingen som sa noe. 'Hvor er far?' spurte hun moren.

'Han er på jobb. Han kommer snart,' svarte moren hennes.

Kari så seg om i rommet. 'Kan noen være så snill å fortelle meg hva som skjer?' spurte hun.

Moren hennes reiste seg og sa: 'Vi tror Ole er forsvunnet. Vi tror det var en skapning som tok ham.'
'Hva? Hvordan vet dere at vi så en skapning?'
'Ole sendte oss en melding. Han sa han trengte hjelp. Og så **skrudde** telefonen hans seg **av**. Vi er her for å lete etter Ole.'
'Nå?' spurte Kari, forbauset.
'Ja, nå.'

Alle sammen tok opp ryggsekkene sine. De slo på **lommelyktene** sine. De var klare til å gå og lete etter Ole. De dro fra huset og delte seg inn i lag.

Kari stoppet et øyeblikk ved døren. Hun sto der en stund. 'Jeg skjønner ikke riktig,' tenkte hun. 'Ole ville ikke ha **dratt av gårde** alene. Han ville ikke skremme meg. Og hvorfor skulle han ha sendt en melding til mamma? Hvorfor ikke til meg? Og hvorfor er alle vennene mine her? Og ikke hans?' Hun ristet på hodet. '**Det er noe som ikke stemmer**.'

Etter en stund så Kari seg om. Hun kunne ikke se noen av lagene! Hun kunne ikke se noen! 'Hvor er dere?' ropte hun. 'Hallo? Er det noen som hører meg?'

Kari gikk mot skogen. 'Kanskje er de der alle sammen,' tenkte hun. Hun tok en lommelykt ut av ryggsekken sin mens hun gikk. Hun slo den på. Det begynte å bli mørkt igjen.

'Hvor er dere alle sammen? Er det noen der?' ropte hun høyt. Ingen svarte henne. 'Jeg skjønner ikke!' tenkte hun. Hun så seg rundt i den mørke skogen. Plutselig snudde hun. Det var bedre å vente i det gamle huset enn å gå i en mørk skog!

Kari gikk tilbake til huset og satte seg ned på den gamle sengen igjen. Hun ventet en liten stund. Det var ingen som kom. Plutselig hørte Kari en lyd fra kjøkkenet.

Hun reiste seg fra sengen. Hun gikk langsomt mot kjøkkenet. Hun forsøkte å ikke lage en lyd. Hun ville se hva som skjedde. Kanskje var det vennene hennes? Moren hennes?

Hun slo på lommelykten sin. Det var da hun så skapningen! Den var **forferdelig** stygg og kom i hennes retning. Kari skrek og løp ut av huset.

'Hjelp, hjelp!' skrek hun. Det var ingen der. Hun løp så fort hun kunne. Men skapningen var raskere enn henne. Snart var den like bak henne. Kari snudde seg for å se på den. Hun fikk **panikk** og falt ned på bakken. Hun var så skremt at hun begynte å **sparke**. Skapningen fikk tak i beina hennes. Hun kunne ikke komme seg unna!

Kari fortsatte å slåss. Men plutselig holdt skapningen opp og reiste seg. Den strakk ut hånden. Den ville hjelpe Kari med å komme seg på beina! 'Hva er det som skjer her?' tenkte Kari.

Kari la plutselig merke til bevegelser rundt seg. Alle vennene og familien hennes kom ut av skogen. De hadde lommelyktene på. Men de hadde også noe annet i hendene — **stearinlys**! Og de sang. En sang hun kjente godt.

Øyeblikkelig forsto Kari alt sammen. Skapningen tok av seg **drakten**. Det var faren hennes! 'Gratulerer, Kari!' sa han. Så ble han med på sangen.

'Gratulerer med dagen!' sang alle sammen rundt henne. Kari visste ikke om hun skulle le eller gråte.

'Far, var du skapningen? Var det deg hele tiden?' spurte Kari forbauset.

'Ja, jenten min. Det var meg hele tiden.' Han lo og sa det hadde vært morsomt å spille rollen. Så fortsatte han, 'Vi planla festen til i går. Men så kom noe i veien på kontoret til moren din. Vi måtte flytte festen til i dag. Ole kom på en flott idé. Han foreslo å **spille et knep** på deg. Han gjorde det for å få deg til å være i det gamle trehuset i to dager.'

'Virkelig? Ja, det var litt av et knep,' sa Kari mens hun så seg rundt. 'Og hvor er Ole?'

Ole kom ut bak et tre. Han var både ren og uskadd.

'Unnskyld meg, Kari,' sa Ole. 'Vi spilte et ganske dårlig knep på deg. Men vi ville at det skulle bli en bursdag du sent vil glemme! Og så får du en veldig fin gave!'

Karis far rakte henne et bursdagskort.

'For det knepet? Da må det absolutt være en flott gave!' sa Kari og lo. Hun åpnet kortet. Inni det var det flere ark. 'Hva er dette?' spurte hun og så seg rundt.

Venner og familie løftet Kari opp. De bar henne helt til huset. 'Vi har kjøpt dette gamle huset til deg, jenten min! Det er bursdagsgaven din!' sa moren hennes.

Faren til Kari ble med. 'Vi skal **pusse** det **opp** sammen,' la han til. 'Det skal bli sommerhuset ditt!'

Kari begynte å le. Så gråt hun av **lettelse**. Ole var trygg. Hun var trygg. Og denne rare gamle hus var hennes!

Endelig kunne Kari snakke igjen. 'Vel,' begynte hun, 'Jeg må takke alle sammen for bursdagsoverraskelsen. Mor og far, jeg kan ikke tro at huset er mitt! Tusen takk!' Deretter så hun på faren og Ole. 'Far, det var litt av en **forestilling**. Jeg vil bare gi et viktig råd til den skapningen. Han er *ikke* en velkommen gjest lengre!'

Hele gjengen lo og sang litt mer. Så gikk de inn i hytta. Det var tid for kaffe og kaker. Det var også på tide med en hvil for bursdagsjenta!

Kapittel 3 Gjennomgang

Sammendrag

Kari drar tilbake til huset for å lete etter Ole. Lyset er på. Hun går inn. Familie og venner er der. De sier at de er der for å finne Ole. Kari forstår ikke. Vennene hennes drar av gårde for å lete i skogen. Kari tenker over situasjonen hun er i. Hun går tilbake til huset. Der ser hun skapningen. Den jager henne inn i skogen. Hun faller men skapningen hjelper henne opp igjen. Det er egentlig faren hennes! Alle spilte et knep på henne. Det er bursdagsoverraskelsen hennes og huset er gaven hennes.

Ordliste

helt sikkert certainly, definitely

forsiktig cautiously

skru av to turn off

lommelykt torch, (*Am. English*) flashlight

dra av gårde to go away, leave

det er noe som ikke stemmer something just doesn't add up

forferdelig terrible, awful

panikk panic

sparke to kick

stearinlys candle

drakt costume

spille et knep to play a trick

pusse opp to renovate

lettelse relief

forestilling performance

Forståelsespørsmål

Velg bare ett svar på hvert spørsmål.

11) Den første gangen Kari går inn i huset møter hun ___.
   a. Ole
   b. faren sin
   c. de fleste av venner og familie
   d. skapningen

12) Mens Kari står i skogen og tenker seg om, ___.
   a. kommer det noe rart ut av vannet
   b. kommer faren hennes bakfra
   c. møter hun skapningen
   d. drar vennene hennes

13) Kari bestemmer seg for å ___.
   a. gå til skogkrattet for å se etter Ole
   b. ringe opp mobilen til Ole
   c. se etter Ole i skogen
   d. gå tilbake til huset

14) Når Kari kommer tilbake til huset ___.
   a. hører hun en lyd på kjøkkenet
   b. ringer mobilen hennes
   c. kommer Liv og Ellen inn
   d. sovner hun

15) Skapningen var egentlig ___.
   a. moren til Kari
   b. Ole
   c. faren til Kari
   d. en virkelig bjørn

Ridderen

Kapittel 1 – Gull

Det var en gang, for lenge, lenge siden, et stort **kongerike**. Det var fullt av spennende mennesker, **dyr** og ting. En dag kom det en **ridder** til riket. Han var kledd i bare sort og hvitt. Han så veldig sterk ut.

Ridderen kom til hovedstaden. Han stoppet på **bytorget**. Han ville kjøpe noe. Det var noe veldig spesielt han ville ha.

Bytorget var veldig stort. Det var fullt av mennesker. Det var mange forskjellige varer til salgs. Ridderen gikk sakte gjennom torget. Han gikk bort til et mørkt hjørne av torget. Der fant han **kjøpmannen**.

Kjøpmannen hadde et uvanlig utvalg av varer. Ridderen så på dem. 'God dag, kjøpmann,' sa han.

'Ja, min herre?'

'Jeg leter etter en **trylledrikk**. Har du det?'

'Trylledrikk? Nei, vi har ikke noen trylledrikk her. Ikke i det hele tatt.'

Ridderen så kjøpmannen inn i øynene. Så sa han: 'Jeg tror du vet akkurat hva jeg vil ha.'

'Å ja. Å… ja… trylledrikk. Um… Hva slags trylledrikk?'

'En styrkedrikk.'

Kjøpmannen så seg godt omkring før han så på ridderen. 'Jeg har ikke noe her. Det er ikke så mye av det nå om dagen. Den... uh... "varen" jeg trenger for å lage det, er vanskelig å finne.' Kjøpmannen tok en pause og så seg omkring igjen. Så sa han, 'Jeg kan lage det for deg, men det blir veldig **dyrt**.'

'Jeg har **gull**. Jeg trenger to flasker med trylledrikk. Hvor lang tid tar det?'

'Kom tilbake i kveld. Da er de klare.'

Ridderen **nikket** og gikk sin vei.

Ridderen gikk over plassen. Folk så på ham. De kjente ham ikke. Ridderen var, derimot, berømt. Han var en fri kriger. Han het Lars. Han reiste fra rike til rike. Han hadde slåss med mange menn. Ofte slåss han for en konge.

Lars gikk over en **steinbro**. Det var da han så **slottet**. Det var stort med høye vegger. Lars kom frem til slottsporten. Da ble han stoppet av to **vakter**. 'Hvem er du?' spurte en av vaktene.

'Jeg heter Lars. Jeg skal møte kongen.'

'Det kan du ikke. Nå må du gå din vei.'

Lars så på vaktene. Han tok et par skritt bakover. Han la **sekken** sin ned på bakken. Sekken inneholdt mange uvanlige ting. Lars tok en gammel **skriftrull** ut av sekken. Han ga den til vakten.

'Se på denne skriftrullen. Den er fra kongen,' sa Lars.

Vakten så på den. Den så offentlig ut. Den hadde kongens segl på seg.

'Bra,' sa vakten. 'Kom inn.'

Ridderen gikk videre. Han kom inn i et stort rom og sto og ventet. Rommet var både stort og vakkert. Det var flere vakter der. De så **mistenksomt** på ridderen. De ville vite hvorfor han var der.

Snart kom kongen inn. Han het Harald. Han var kledd i purpur fra topp til tå. Purpur var kongenes farge. Han hadde **gull** rundt armene og halsen. 'Er du Lars?' spurte kong Harald.

'Det er meg,' svarte Lars. Lars viste frem skriftrullen. 'Jeg er kommet for å snakke med deg.'

'Bli med meg,' sa kongen.

Kong Harald og Lars gikk inn i et mindre rom. Begge mennene satte seg ned. Kongen tilbød Lars noe kaldt å drikke. 'Ja, takk,' sa Lars.

'Takk for at du kom,' sa kongen til Lars. 'Jeg ser du har mottatt **beskjeden** min.'

'Ja. Jeg har også hørt at du trenger hjelp.'

'Hva har du hørt egentlig?'

'Du trenger noen til å **frakte** et **lass** med gull. Det skal fraktes til din bror, Halvor. Du trenger en mann du kan **stole på**. Jeg er den mannen.'

Kongen tenkte seg om i flere minutter. Til slutt sa han, 'Og hvorfor skulle jeg stole på deg?'

'Jeg har hjulpet deg før. Jeg kommer ikke til å **bedra** deg nå.'

'Krig og gull er to forskjellige ting. Og dette er mye gull.'

'Jeg trenger ikke gull. Jeg har gull selv.'

'Hvorfor er du her da?'

'Jeg liker å reise og utforske nye ting.'

Kong Harald tenkte seg om et øyeblikk. Han så mistenksomt ut. Lars smilte. Etter en stund sa kongen, 'Javel, Lars. Ta med deg gullet til broren min. Jeg sier ifra til vaktene mine.'

'Takk skal du ha, kong Harald.'

'Ikke takk meg ennå. Først må jeg få høre at gullet er vel fremme hos Halvor. Først da får du ditt eget gull.'

Lars forlot slottet. Han gikk bort til vaktene. En av dem ropte på ham. 'Jaså, du er tilbake! Vi fikk nettopp høre om det. Du skal visst ta med gullet til Halvors kongerike?'

'Ja.'

'God tur, da!' sa vakten og lo. 'Det er mange **farer** underveis. Du klarer det aldri!' De andre vaktene lo de også. Så ble den første vakten alvorlig. 'Mine herrer,' sa han 'dere må gjøre gullet klart. De reiser i morgen.'

Det var blitt kveld nå. Ridderen dro tilbake til torget. Der møtte han kjøpmannen. 'Har du trylledrikkene mine?' spurte han.

'Ja, vær så god. Det var ikke lett! Og det ble veldig dyrt. Det koster seks gullmynter.'

Ridderen så **forbauset** opp på ham. Han ga ham gullet. Kjøpmannen rakte ham trylledrikkene. 'Mange takk, min gode herre,' sa kjøpmannen. 'Du får ha en god dag.'

Ridderen bare gikk sin vei.

Neste dag kom det tre vakter bort til Lars. De skulle bli med ridderen på **reisen**. De bar **våpen**. Hvis det ble nødvendig, var de klare til kamp.

De fire mennene dro til Nordveien. Den førte rett frem til Halvors kongerike. Ved veien ventet hestene og gullet.

Hovedvakten het Alf. Han snudde seg mot Lars. 'Er du klar?' spurte han.

'Ja. Vi kan dra nå.'

'Før vi drar,' sa Alf, 'må jeg fortelle deg noe. Vi er kongens øverste vakter. Vi skal beskytte deg på reisen. Men gullet er ikke ditt. Hvis du forsøker å ta det, dreper vi deg.'

'Det er godt å vite.' sa Lars og smilte.

Alf så Lars inn i øynene. 'Det er ikke morsomt. Det er sant.'

'Jeg skjønner det. La oss dra nå.'

Gullasset lå bakerst i en **vogn**. Lars så på sekkene og smilte. Hestene begynte å **bevege** på **seg**. Sakte begynte mennene å gå.

Kapittel 1 Gjennomgang

Sammendrag

En ridder som heter Lars reiser til kong Haralds kongerike. Han får tak i to flasker med trylledrikk. Så går han til slottet. Han snakker med kongen. Kongen ber Lars om å frakte gull til broren sin. Tre vakter blir med ridderen på reisen. Vaktene skal beskytte gullet. De dreper ridderen hvis han tar gullet. Mennene drar av gårde på reisen.

Ordliste

kongerike kingdom

dyr (*n.*) animal

ridder knight

bytorg market square

kjøpmann trader

trylledrikk potion

dyr expensive

gull gold

nikke to nod

steinbro stone bridge

slott castle

vakt (*n.*) guard

sekk bag

skriftrull scroll

mistenksomt suspiciously

beskjed message

frakte to transport

lass load

stole på to trust

bedra to betray

fare danger

forbauset astonished

reise journey; travel; trip

våpen weapon

vogn wagon; cart

bevege seg to move, stir, move about

Forståelsesspørsmål

Velg bare ett svar for hvert spørsmål.

1) Lars er kledd i ___.
   a. sort og rødt
   b. sort og hvitt
   c. blått og sort
   d. hvitt og rødt

2) Lars kjøper ___.
   a. en styrkedrikk
   b. to flasker med styrkedrikk
   c. en trylledrikk for å få gull
   d. to flasker med trylledrikk for å få gull

3) Ved slottdøren snakker Lars med ___.
   a. kongen
   b. en sint kjøpmann
   c. kongens bror
   d. en vakt

4) Lars og vaktene tar med seg ___.
   a. våpen
   b. dyre trylledrikker
   c. et lass med gull
   d. andre vakter

5) Gruppen skal reise til ___.
   a. et ukjent kongerike.
   b. kongeriket til broren til Harald.
   c. kong Haralds kongerike
   d. kongerikets bytorg

Kapittel 2 – Reisen

Lars og vaktene fulgte Nordveien. Bak dem kom hestene og vognen med gull. Etter en stund sa Alf, hovedvakten, 'Lars, hvordan er det underveis?'

'Det er ikke en enkel rute. Den er veldig **farlig**,' svarte Lars.

'Hva skal vi gjøre med det?'

'Vel, det er både farlige menn og farlige dyr langs denne veien. Jeg foreslår at vi holder oss unna dem. Vi skal forsøke å la være å slåss.'

'Er du flink til å slåss?'

'Jeg er kjent for å være dyktig. Jeg er veldig flink til å slåss.'

'Jeg håper det,' sa Alf. De gikk videre.

De fire mennene gikk snart over en stor steinbro. Den lignet broen som lå ved kong Haralds slott.

'Lars,' sa Alf. 'Det ligger en **lignende** bro ved slottet.'

'Ja. Dere bygget den for lenge siden.'

'Bygget *vi* den?' sa Alf, forbauset.

'Vel, ikke akkurat dere. Folk fra kongeriket deres. De bygget den for lenge siden. Det var en god grunn til å bygge den. Men jeg forteller deg ikke om det nå.'

Etter å ha gått over broen, gikk mennene inn i en stor skog. Der var det mange trær, men ingen dyr. Det var faktisk helt **stille**.

'Hvorfor er denne skogen så stille?' spurte Alf.

'Vi er i Stilleskogen. Det finnes ingen dyr her.'

'Hvorfor ikke det?'

'For lenge siden var det et stort **slag** her. Det var mellom kong Harald og broren hans.'

Alf var ung. Han visste ikke noe om slaget. Han trodde kong Harald og kong Halvor stolte på hverandre.

'Du ser overrasket ut,' sa Lars.

'Jeg er nok det,' svarte Alf.

'Hvorfor det?' spurte Lars.

'Jeg trodde at de to brødrene aldri sloss.'

Lars lo. 'Å, nå skjønner jeg. Vel, de gjorde det. Men det er mange år siden.' Lars sluttet å snakke. Mennene gikk videre.

Stilleskogen var veldig mørk. Trærne var høye. Man kunne nesten ikke se noe dagslys. Senere spurte Alf, 'Ridder, vet du hvor vi skal?'

'Ja. Jeg har vært her før.'

'Når da?' spurte Alf.

'For lenge siden.' Lars tenkte tilbake. Han husket kampen mellom kong Harald og kong Halvor. Det var et av historiens største slag. Før het skogen Dyreskogen. Men etter slaget ble det til Stilleskogen.

Lars fortsatte å fortelle. 'Da jeg var ung, sloss jeg for kong Harald. Jeg var med i slaget i denne skogen.'

'Hva dreide dette slaget seg om?'

'Det var kong Harald som startet det.'

'Og hvorfor kjempet han mot broren sin?'

'Kong Harald ville ha **kilden** som ligger i skogen.'

Lars gikk videre i stillhet i flere minutter. Alf var stille han også, men han tenkte på det han hadde hørt. Han ville vite mere om det store slaget. Han hadde alltid trodd at kong Harald var en fredelig konge.

'Kan jeg spørre deg om noe, Lars?'

'Ja.'

'Hva slags kilde er det egentlig?'

'Vent og se,' var alt Lars sa.

Lars og Alf var stille i en time. Nå og da snakket de andre vaktene lavt sammen. Det var bare trær og stillhet — ikke noe annet. Mennene kom til slutt frem til en **innsjø**. 'Vi er fremme,' sa ridderen.

'Hva er dette?'

'For lenge siden var denne innsjøen en kilde.'

'Kilden kampen dreide seg om?'

'Ja.'

Vaktene og ridderen gikk til innsjøen. Endelig snakket Lars. 'For lenge siden var det en kilde her. Det var ikke mye vann. Ingenting sammenlignet med dette. Men det opprinnelige vannet var **magisk**. Hvis man drakk av vannet, fikk man **sjeldne krefter**.'

'Hva slags krefter?' spurte en av vaktene.

'Hvis noen drakk av det vannet ble hun eller han veldig sterk.'

Alf laget en skål med hendene sine. Han drakk litt av vannet.

'Det smaker helt vanlig,' sa han.

'Selvsagt,' sa Lars. 'Det er helt vanlig vann nå. Det er lenge siden det var magisk.'

Alf tørket hendene sine og spurte: 'Hva skjedde? Hvorfor er ikke vannet magisk lenger?'

Lars så på ham og begynte på historien. 'Både Harald og Halvor ville ha makten. For den ville de ha gjort hva som helst. En dag fikk de høre om en magisk kilde. En kilde man ble sterk av. Begge kongene ville ha den øyeblikkelig. De løp om kapp til skogen. Da de møttes ved kilden begynte kampen.'

'Hva gjorde de?' spurte Alf.

'Begge kongene kalte inn **soldatene** sine. Slaget varte i dager, uker og måneder. Det var ikke noe vakkert syn. Under slaget drakk mennene så mye vann de bare kunne. De ville bli sterke for å kunne seire. De lot hestene sine rulle seg i det. De gikk i det. De **badet** i det. De tok alt vannet. Vannet ble raskt veldig **ekkelt**. Det kunne ikke brukes lenger.'

Han så på vaktene. 'Etter en stund tørket kilden opp. Regn kom og dannet denne innsjøen. Men det er ikke magisk vann lenger.'

Alf så på ham. 'Så det ble slutten på det magiske vannet?'

'Ikke helt,' svarte Lars. Han ga Alf et alvorlig blikk. 'Halvor hadde spart på en liten mengde magisk vann. Og han kjente til en **hemmelighet**. Man kan lage magisk vann. Man trenger vann som opprinnelig var magisk og tid, men det er mulig.'

'Så det er hemmeligheten...' begynte Alf.

'Vel, det er en del av hemmeligheten. Kom igjen nå. La oss dra fra denne skogen.'

Mennene fortsatte på veien. Snart var de ute av skogen. Solen var fremmc. Trærne var ikke så høye lenger. De hadde en vakker utsikt over landskapet.

'Hvor er vi?' spurte Alf.

'Vi er nesten ved Halvors slott. Det er bra vi ikke støtte på noen fare.'

Alf sa: 'Er det virkelig noen fare i den skogen?'

Lars så seg bakover. 'Ja, det er det. Hvorfor tror du vi reiste om dagen? Farene kommer mest ut om natten.'

'Hvorfor fortalte du meg ikke det?'

'Jeg trodde ikke du ville blitt med,' sa Lars og lo. Så sa han: 'OK, la oss gå videre.'

Snart fikk mennene øye på en by. Det lå et stort slott der. Vaktene hadde aldri vært i et annet kongerike. 'Er vi fremme?' spurte Alf.

'Ja, dette er riket. Og det er Halvors slott. Vi tar gullet dit.'

Alf tok en pause. 'Lars,' begynte han, 'Det er noe jeg ikke har spurt deg om.'

'Hva er det?'

'Hva er dette gullet til? Er det en **avgift**?'

'Kong Harald tapte Stilleskog-slaget. Derfor må han betale broren med gull hvert femte år.'

'Hvorfor betaler han? Kan de ikke slutte **fred**?'

'De gjorde det. Men Halvor har noe som ikke Harald har. Harald må kjøpe det. '

Alf så forbauset på Lars. 'Hva er det Halvor har for noe?'

'Mer magisk vann. Harald kjøper det for å holde folket sitt lykkelig. De bruker det for å lage styrkedrikk. Akkurat som disse to flaskene her.' Lars tok frem trylledrikken han hadde kjøpt.

'Jeg har hørt om trylledrikken! Virker den?'

'Den gjør det,' sa Lars. Han ryddet vekk flaskene sine og så på Alf. 'Men det fungerer bare hvis det er laget av det opprinnelige magiske vannet. Kom igjen. Det er på tide å gå.'

Kapittel 2 Gjennomgang

Sammendrag

Lars og kong Haralds vakter begynner på reisen. På veien forteller ridderen en historie. Under et stort slag kjempet Harald mot sin bror, Halvor. Det var et slag over en kilde med magisk vann. Det magiske vannet ga folk store krefter. Under kampen gikk vannet tapt. Men kong Halvor hadde fremdeles magisk vann. Han har solgt det til kong Harald siden. Harald sender gull for å betale for det magiske vannet.

Ordliste

farlig unpleasant or dangerous

lignende similar

stille silent; quiet

slag battle

kilde fountain or source

innsjø lake

magisk magic

sjeldne krefter special powers

soldat soldier

bade to bathe or swim

ekkel disgusting or unusable

hemmelighet secret

avgift tax

fred peace

Forståelsesspørsmål

Velg bare et svar på hvert spørsmål.

6) Ridderen Lars ___.
   a. kan veien til Halvors kongerike
   b. kan ikke veien til Halvors kongerike
   c. spør om veien til Halvors kongerike
   d. går seg vill på veien til Halvors kongerike

7) ___ på reise til kong Halvors kongerike.
   a. Tre vakter og Lars er
   b. To vakter og Lars er
   c. En vakt og Lars er
   d. Bare Lars er

8) I Stilleskogen ___.
   a. skjedde det aldri noe
   b. var det et slag mellom to brødre
   c. var det en ukjent krig
   d. var det mange dyr

9) Kilden i Stilleskogen ___.
   a. finnes fremdeles
   b. fantes aldri
   c. er forsvunnet nå
   d. var alltid en innsjø

10) Etter å ha dratt fra Stilleskogen ___.
   a. er det en annen skog
   b. kan mennene se sjøen
   c. bestemmer mennene seg for å dra tilbake til kong Haralds rike
   d. kan mennene se kong Halvors rike

Kapittel 3 – Hemmeligheten

Lars, Alf og vaktene gikk videre mot slottet. 'Hvordan kommer vi oss inn i slottet?' spurte Alf.

'Gjennom inngangsdøren,' svarte Lars og lo godt. Og så ga han Alf et **merkelig** blikk. Alf sa ikke noe. 'Dette føles ikke riktig,' tenkte han.

Mennene gikk gjennom landsbygda. Det var fullt av trær og jorder. Jordene var dekket med gress. På veien gikk de forbi flere **bønder**. Bøndene bodde utenfor slottsmuren. De dyrket mat til kongeriket.

En av bøndene så mennene komme. De var i nærheten av åkeren hans. Han stoppet å jobbe og snakket til dem. 'God kveld, min herre!' sa bonden til Lars.

'God kveld,' svarte Lars.

'Hvor skal du hen?'

'Jeg skal til slottet. Vi skal møte kongen.'

Bondens kone kom bort til dem. 'Hvem er disse mennene?' **hvisket** hun til mannen sin. Mannen hennes svarte ikke, men spurte Lars: 'Hvem er du? Jeg ser at hestene dine trekker på et lass.'

'Kong Harald har sendt oss hit. Han har gitt oss en viktig oppgave.'

Bonden ble taus. Så sa han, 'Jeg håper det ikke har skjedd noe galt?' Han så bekymret på Lars.

'Nei, ta det med ro,' svarte Lars med et smil. 'Alt er bra.'

'Vel. Du får ha en god tur da,' sa bonden. Han gikk tilbake til arbeidet sitt.

Mennene fortsatte mellom åkrene. Alf snudde seg mot ridderen. 'Det så ut som om de ble **skremt**,' kommenterte han.

'De ble det.'

'Men hvorfor?'

'Fordi det er noe hemmelig. Det er bare folket i dette kongeriket som vet om det. Og de vil holde det for seg selv.'

'Og hva er det? Er det noe farlig?'

Lars svarte ikke.

Snart kom mennene frem til en steinbro. Den lå i nærheten av slottet. Igjen lignet den på kong Haralds slottsbro. Det var to vakter på broen. En av dem kom bort. Han så på Alf, 'Er dere kong Haralds menn?'

'Ja. Jeg **representerer** kongen,' svarte Alf. Så pekte han på Lars. 'Denne ridderen holdt oss trygge under reisen. De to andre vaktene er også sammen med oss.'

Vakten så på vognen og spurte 'Er det gullet?'

'Ja,' svarte Lars. 'Det er gullet.'

'OK,' sa vakten. 'Du kan gå videre.'

Alf så forbauset på Lars. 'Det ser ut som Lars kjenner veldig godt til Halvors kongerike,' tenkte Alf.

Vakten ga tegn til å åpne døren. En annen vakt sto ved døren da de kom inn. De kom inn i borggården.

Det var mange mennesker der. Mange av dem var handelsmenn. Andre var bønder.

Mennene gikk gjennom torget. Plutselig så Alf **forvirret** ut. 'Jeg kjenner dette stedet,' sa han.

'Det ligner på torget rundt kong Haralds slott,' sa Lars.

'Ja, det er nesten helt **likt**!'

'For lenge siden var de to rikene forente,' forklarte Lars. 'Det er derfor de ligner sånn på hverandre. Men det var før det store slaget. De har ikke noe **kontakt** lenger. Folket i de to rikene liker ikke hverandre i det hele tatt.'

Hestene og vognen nærmet seg slottsdøren. Selve slottet lignet også veldig på kong Haralds slott. Faktisk var byggverket akkurat det samme.

Mens de to andre vaktene begynte å laste av gullet, gikk Lars og Alf for å møte kong Halvor. De kom inn i kongens rom. Kong Halvor ropte ut, 'Velkommen til kongeriket mitt!'

'God kveld, **Deres Majestet**,' svarte Lars.

'Lars, er det virkelig deg? Jeg er så glad for å se deg igjen.'

'Jeg er også meget glad for å se Deres Majestet igjen.'

Alf skjønte ikke noe i det hele tatt. Hvordan var Lars og kongen blitt kjent med hverandre?

'Har du tatt med deg gullet, Lars?'

'Ja, nå er det ditt.'

'Utmerket. Da kan vi begynne på opplegget vårt.'

Alf var overrasket. 'Hvilket opplegg er det?' lurte han på.

Lars tok frem trylledrikkene. Han hadde tatt dem med seg fra kong Haralds rike. Han ga dem til kong Halvor. Halvor målte nøye opp mengdene.

'Hva er det som skjer?' spurte Alf.

Lars og Halvor så på hverandre. Så sa Lars: 'Jeg må fortelle deg noe,' begynte han.

Alf tok noen skritt bakover. Han var skremt. Hvordan var kongen og Lars blitt kjent med hverandre? Hvorfor hadde Lars kjøpt trylledrikken? Kong Halvor hadde jo magisk vann. Han kunne lage trylledrikken selv!

Lars gikk bort til ham. 'Alf,' begynte han igjen. 'Dette kongeriket **gikk tom for** magisk vann for lenge siden.'

'Hva? Vet kong Harald det?'

'Nei, han gjør ikke det.'

'Men da må vi fortelle det!' Lars bare så på ham. Alf ble mistenksom. 'Hvorfor ga du styrkedrikken til denne kongen? Du handler mot kong Harald!'

'Dette er litt av den siste styrkedrikken som er igjen. Det finnes ikke noe mer magisk vann. Du skjønner det?'

Alf nikket.

Lars fortsatte: 'Vi kan kanskje klare å lage mer magisk vann. Vi skal bruke denne trylledrikken isteden for det opprinnelige vannet.' Så la han til, 'Vi har alltid brukt det opprinnelige vannet. Men det kan gå bra. Håper vi.'

Alf var sint. 'Har vi gitt fra oss gullet for ingenting? Du har bedratt meg, Lars!' skrek han. 'Du har bedratt kong Harald!'

'Ja, jeg løy. Men jeg gjorde det for å opprettholde freden,' sa Lars. 'Jeg vil ikke ha blod på hendene.' Han så på Alf og håpet at han ville forstå.

'Hvordan skal dette opprettholde freden? Hemmeligheten er altså at det ikke er noe mer magisk vann. Ingen vet det nå. Men snart finner folk ut av det. Da får Harald vite at du har stjålet gullet.'

Lars smilte ikke mer. 'Alf, kong Harald kan ikke få vite at det ikke finnes mere magisk vann. Da blir det krig. Freden blir slutt. Kong Harald kommer til å **angripe** Halvor.'

'Du vil altså lage magisk vann til Harald med den trylledrikken du tok med deg?' spurte Alf.

'Ja. For å opprettholde freden.' Så la han til, 'Hvis det går.'

Alf så mistenksomt på Lars igjen. Bemerkningen bekymret ham. 'Hva mener du med "*Hvis* det går"?'

Lars så på Alf og sa langsomt: 'Som jeg sa, vanligvis lager vi nytt magisk vann med **rent** magisk vann. Vi blander magisk vann med vanlig vann. Det vanlige vannet blir magisk. Det finnes ikke noe mere rent magisk vann. Det opprinnelige vannet er **forsvunnet.**'

'Og?'

'Vel, vi skal forsøke.'

'Forsøke hva da?'

'Vi skal forsøke å lage magisk vann med den trylledrikken vi har. Trylledrikken har det magiske vannet i seg. Vi skal blande det med vanlig vann. Kanskje det vanlige vannet blir magisk av det.'

'Kanskje? Kanskje?' skrek Alf. 'Og hva om det ikke gjør det? Som du sa, så er det ikke mere magisk vann igjen.'

Lars var taus. Etter en stund svarte kong Halvor. 'Hvis trylledrikken ikke virker,' forklarte han, 'da var slaget ved Stilleskogen ikke det siste. Da blir det krig.'

Kapittel 3 Gjennomgang

Sammendrag

Lars og vaktene kommer frem til kong Halvors rike. Lars og kongen ser ut til å kjenne hverandre. Ridderen gir kongen to styrkedrikker. Lars forteller en stor hemmelighet til Alf. Halvor har ikke noe magisk vann å selge. Halvor og Lars skal forsøke å lage mer magisk vann. De skal bruke trylledrikken. Hvis de ikke klarer det, blir det krig sier Halvor.

Ordliste

merkelig unusual or strange

bonde farmer

hviske to whisper

skremt frightened; scared

representere to represent

forvirret confused

lik identical

kontakt contact

Deres Majestet Your Majesty

gå tom for to run out of

angripe to attack

ren pure

forsvinne to dissapear

Forståelsesspørsmål

Velg bare et svar på hvert spørsmål.

11) Det første i kongeriket som snakker til Lars og mennene er ___.

a. kongen

b. en vakt

c. en bonde

d. bondens kone

12) Torget i Halvors rike ___.
    a. er ikke som det i Haralds rike
    b. ligner det som er i Haralds rike
    c. er lukket
    d. har en magisk kilde

13) Lars og kong Halvor ___.
    a. slåss
    b. kjenner ikke hverandre
    c. kjenner hverandre
    d. arbeider for kong Harald

14) Lars gir Halvor ___.
    a. et våpen
    b. en styrkedrikk
    c. to styrkedrikker
    d. en magisk kilde

15) Hemmeligheten i Halvors kongerike er at ___.
    a. kongeriket ikke har noe mere magisk vann
    b. Kong Harald vil angripe kong Halvor
    c. Lars er kongen av Halvors kongerike
    d. gullet er ikke ekte

Klokken

Kapittel 1 – Eventyret

Carl var **urmaker**. Han var i 40-årsalderen og ugift. Foreldrene hans bodde i Oslo. Han bodde alene i Nordland. Han bodde i et lite hus på en **rolig** gate i Bodø.

Carl var en høy og tynn mann, men han var veldig sterk. Han hadde sitt eget **verksted**. Han reparerte klokker. Han laget også sine egne, eksklusive klokker. I tillegg til det, tok han ofte andre jobber også.

Carl jobbet lange dager. Vanligvis jobbet han til sent på kveld. Verkstedet hans lå i nærheten av en **strand** ved Breivika. På slutten av dagen tok han ofte en spasertur langs stranden for å **strekke på beina.**

En kveld han gikk tur, møtte Carl en gammel venninne. Hun het Susanne. 'Carl! Hvordan har du det?' sa hun.

'Hei Susanne. Hva gjør du her?'

'Jeg tar en spasertur, akkurat som deg,' svarte Susanne og lo.

'Skjønner. La oss slå følge da!'

Carl og Susannne gikk en god stund. De snakket om mange forskjellige ting. De snakket både om jobbene og familiene sine. Vanligvis snakket de om alt mulig.

Mens de gikk der, spurte Susanne, 'Hvordan går det med jobben din? Har du mye å gjøre?'

'Ja, jeg har mye arbeid. Jeg er veldig fornøyd.'

'Så bra, Carl.'

Susanne var **sikkerhetsvakt**. Hun passet på **båtene** i nærheten. Hun likte jobben sin, sa hun til Carl. Hun så mye spennende på stranden. Faktisk hadde hun funnet noe akkurat i dag.

'Carl,' begynte Susanne. 'Egentlig håpet jeg å se deg i dag!'

'Virkelig?' svarte Carl.

'Ja. Jeg har funnet noe. Og jeg vet ikke hva jeg skal gjøre med det.'

'Hva er det du har funnet, Susanne?'

Susanne tok frem en klokke. Den så veldig gammel ut. Den var av utmerket kvalitet. 'Kan du fortelle meg hva slags klokke dette er?' spurte hun.

'La meg se,' svarte Carl.

Carl tok klokken i hånden sin. Han så nøye på den. 'Jeg har ingen anelse om hva slags klokke dette er,' sa han til slutt.

Susanne var overrasket. 'Vet du ingenting om den?'

'Vel, jeg kan se det er en klokke. Men den er veldig gammel. Jeg er bare ikke sikker på,' Han tok en pause og så på henne. 'Må du tilbake til jobb nå, Susanne?'

'Nei, jeg er ferdig for dagen.'

'La oss dra til verkstedet mitt. Jeg har noen bøker som kanskje kan hjelpe oss.'

Carl og Susanne dro til Carls verksted. Verkstedet var veldig gammelt. Inni verkstedet var det mange klokker og mye verktøy. Alle tingene hadde med arbeidet hans å gjøre. Susanne hadde aldri vært på verkstedet. Hun syntes det var veldig spennende. 'Oi!' sa hun. 'Det er mange saker og ting her!'

'Ja, jeg har mye arbeid. Jeg liker det jeg gjør.'

'Så bra, Carl!'

Carl ba Susanne om å følge ham. Hun la klokken fra seg og fulgte etter ham inn i et annet rom. Der var det mange bøker. De var veldig store og veldig gamle. Mange av navnene var det umulig å lese. 'Hva gjør vi her?' spurte Susanne.

'Vi leter etter opplysninger,' svarte Carl.

'Opplysninger om hva da?'

'Om hva slags klokke dette er. Jeg har aldri sett noe slikt før!'

Carl og Susanne lette i bøkene. Etter en liten stund fant Susanne noe. Det var i en bok om Norskehavet. 'Carl! Hør på dette!' ropte hun.

Carl lukket boken sin og gikk bort til Susanne. 'Hva er det for noe?'

'Det er en bok om **sjørøvere**!'

Carl var veldig overrasket. En bok om sjørøvere? Hvorfor skulle en sjørøverbok handle om klokker? Det kunne ikke stemme.

Susanne forklarte: 'Boken heter "Sjørøverne i Norskehavet." Den handler om Norge og kampen mot sjørøverne i Norskehavet.'

'Jeg forstår fremdeles ikke. Hva har det med klokken å gjøre?'

'Hør her,' sa Susanne. 'Ifølge boken var det en kjent sjørøver som het Kraken-Erik. Han hadde en veldig **spesiell** type klokke. Det sies at den hadde **merkelige evner**.'

'Merkelige evner? Hva slags merkelige evner?' spurte Carl.

'Folk sa at Kraken-Erik kunne reise i tid.' Susanne bladde om og fortsatte, 'Det står her at det var klokken som gjorde at han kunne reise i tid!'

Carl lo og sa: 'Det er bare et **eventyr**. En sjørøver som reiser i tid? Og med en klokke? Det kan ikke være sant!' Carl lo godt.

Akkurat da kom det en lyd fra verkstedet. 'Hva var det for noe?' spurte Carl.

'Jeg vet ikke,' svarte Susanne. 'La oss gå og se!'

De to vennene gikk tilbake inn i verkstedet. De så seg rundt. Klokken hadde **forsvunnet**! 'Det er noen som har stjålet klokken!' **skrek** Carl.

'Der kan du se! Den klokken er spesiell. Det er ikke en vanlig klokke,' sa Susanne.

Da la Carl merke til noe annet. Døren til verkstedet sto åpen. Plutselig hørte han fottrinn utenfor. De løp nedover gaten.

Carl så på Susanne og begynte å løpe. 'Kom igjen!' ropte han tilbake.

Carl og Susanne løp ut av verkstedet. De løp i retning av stranden. Da de nådde frem, tok Carl et

blikk på bakken. Der var **fotavtrykk** i **sanden**. Dype
og brede fotavtrykk, som sannsynligvis stammet fra en
veldig **kraftig** mann.

Susanne stoppet plutselig. Hun pekte på en kraftig
sortkledd mann som løp nedover stranden. 'Se der,
Carl! Der er han!' skrek hun.

Carl løp etter mannen og skrek, 'Hei du! Stopp!
Stopp med en gang!' Mannen **tok ikke hensyn** til
det. Han fortsatte å løpe. Igjen **forlangte** Carl, 'Stopp!
Stopp med en gang!'

Mannen tok fremdeles ikke hensyn til Carl. Da løp
Carl bare enda fortere. Til slutt tok han igjen mannen.
Carl fikk tak i ham og de datt ned i sanden begge to.
Mannen skrek høyt, 'Du må la meg gå! Jeg har ikke
gjort deg noe! Denne klokken er min!'

Carl reiste seg. Han stoppet opp et øyeblikk for å se
på mannen. Det var litt av en fyr. Klærne hans var ikke
moderne. De var veldig **gammeldagse**. De var av
den typen man hadde på seg for flere hundre år siden.
Dessuten hadde han en merkelig hårfrisyre, en man
hadde for lenge siden.

Carl og Susanne betraktet mannen. Han kom seg
sakte opp. Han børstet vekk sanden fra klærne sine.
Han hadde klokken i den høyre hånden sin. Han så
mistenksomt på dem. 'Hva vil dere? Hvorfor ser
dere sånn på meg?' spurte han. Den kraftige mannen
snakket en uvanlig **dialekt**. Norsken hans hørtes
veldig merkelig ut.

Carl så på ham og sa, 'Du stjal klokken min. Du kom
inn på verkstedet mitt og tok den.'

'Nei!' sa den kraftige mannen. 'Det var du som stjal den fra meg! Jeg tok den bare tilbake! Den er min!'

Carl og Susanne så på hverandre. Til slutt spurte Susanne den kraftige mannen, 'Hvem er du?'

'Jeg er Kraken-Erik. Unnskyld meg, men jeg må tilbake til det 17. århundre nå.'

Kapittel 1 Gjennomgang

Sammendrag

Carl er urmaker. Han bor i Nordland. En dag møter han sin venninne Susanne ved stranden. Susanne viser ham en veldig gammel klokke. De går tilbake til Carls verksted for å undersøke klokken. En bok forteller at det var sjørøveren Kraken-Erik som eide klokken. Han brukte den til å reise i tid. Plutselig legger Carl og Susanne merke til at klokken har forsvunnet. De hører fottrinn. De følger etter en mann ned til stranden. Carl fanger ham. Mannen sier han er sjørøveren Kraken-Erik. Han må dra tilbake i tid med klokken.

Ordliste

urmaker watchmaker

rolig quiet; calm

verksted workshop

strand beach

strekke på beina to strech (one's) legs

sikkerhetsvakt security guard

båt boat

sjørøver pirate

spesiell particular

merkelige evner strange powers

eventyr legend, fairytale

forsvinne to disappear

skrike to shout

fotavtrykk footprint

sand sand

kraftig stout

ikke ta hensyn to disregard; ignore

forlange to demand

gammeldags old-fashioned

mistenksomt suspiciously

dialekt dialect; regional accent

Forståelsesspørsmål

Velg bare et svar på hvert spørsmål.

1) Carl jobber som ___.

   a. urmaker

   b. badevakt

   c. sjørøver

   d. vakt

2) På slutten av dagen liker Carl å ___.

   a. gå tur på gatene i Bodø

   b. gå litt rundt i verkstedet sitt

   c. gå en tur langs stranden

   d. undersøke klokkene sine

3) Susanne er Carls ___.

   a. kjæreste

   b. kone

   c. datter

   d. venninne

4) Eventyret forteller at klokken ___.

   a. ble mistet for lenge siden

   b. kan si hvilket klokkeslett det er

   c. har merkelige evner

   d. tilhører en kjent urmaker

5) Klokken forsvinner fra Carls verksted fordi ___.

    a. Susanne stjeler den

    b. en ukjent mann tar den

    c. de mister den

    d. de glemmer den på stranden

Kapittel 2 – Norskehavet

Carl og Susanne så på den merkelige mannen som sto foran dem. Endelig klarte Carl å snakke. 'Det 17. århundre? Gå tilbake? Mener du... Er du virkelig Kraken-Erik?' spurte han. Mannen sa ingenting. Han forsøkte å bruke klokken.

Carl nærmet seg. Mannen så virkelig ut som en gammel sjørøver. Han hadde gamle sorte klær på seg. Klær som sjørøverne fra Norskehavet brukte. Han lignet en sjørøver som fantes i bøker og eventyr. 'Kan det være sant?' spurte Carl.

Endelig så mannen på ham og svarte, 'Ja, det er nok meg.'

Nå forsto Carl. Denne klokken hadde virkelig merkelige evner. 'Eventyret er sant altså!' sa han.

'Hvilket eventyr?' spurte Erik.

'Eventyret om klokken din.'

Erik så på Carl og Susanne. 'Hvordan vet dere om klokken min?' sa han.

Susanne svarte, 'Det står skrevet om den i et eventyr i boken vår.'

'I en bok sier du?' sa Erik med et smil. 'Hah! Så jeg er berømt! Så bra!'

'Nei... Ikke akkurat deg. Bare klokken din.'

Erik gikk bortover stranden. Han tenkte. Han så på klokken sin og sa: 'Det er min klokke. Men jeg har ikke kjøpt den. Jeg fant den. Jeg tok den fra en annen sjørøver.'

'En annen sjørøver?' sa Carl.

'Ja, en død sjørøver!' Erik lo. Så ble han alvorlig. 'Jeg vet ikke hvem det var. Det er det ingen som vet. Men jeg fikk tak i denne!' Han begynte å leke med klokken igjen.

Carl betraktet Erik. Han forsøkte å bruke klokken. Men det virket ikke. Da ble Carl klar over noe. Kraken-Erik hadde bare funnet klokken. Han visste ikke hvordan den virket. Erik visste heller ikke hvorfor klokken hadde slike merkelige evner.

Carl så på sjørøveren og sa, 'Erik, vet du hvordan klokken virker?'

'Selvsagt gjør jeg det,' skrek Erik ut. Han så på Carl igjen. 'Ja vel,' sa han. 'Jeg vet ikke hvordan den virker. Jeg tror det **forutsetter** flere **betingelser**. Av og til når jeg har den i hånden så tar den meg frem i tid, som den gjorde nå. Akkurat syv timer senere holder jeg den igjen og drar tilbake til min egen tid. Jeg vet ikke hvilke betingelser som får den til å virke eller ikke.' Carl avbrøt.

'Men hvorfor gjør du det?'

'Jeg liker å se hvordan saker og ting har forandret seg. Det finnes ikke sjørøvere lengre. Det er bare høye bygg overalt. Og visste du at nå finnes det flyvende maskiner? Utrolig!' Carl og Susanne smilte. Det hele virket litt **sprøtt**. Erik visste ikke så mye om nåtidens verden!

Erik så på klokken igjen og skrek ut: 'Nå må dere la meg være i fred! Tiden er nesten inne. Det er gått 6 timer og 58 minutter! Snart kan jeg dra tilbake til min egen tid og stedene jeg kjenner. Og jeg må ikke være forsinket!'

Carl og Susanne så på hverandre. 'Hva syns du?' spurte Carl rolig.

'Hva er det du spør om?'

'Har du lyst til å dra til Norskehavet i det 17. århundre?'

Susanne tenkte seg om.

'Kom igjen! Det blir morsomt!' sa Carl.

'Ikke mas på meg!' Susanne tenkte seg om en stund til. Til slutt sa hun, 'Javel. La oss dra!'

Carl og Susanne nærmet seg Kraken-Erik og sa: 'Vi vil bli med deg.'

'Nei,' sa Erik.

'Hva mener du med "Nei"?' spurte Carl.

'Jeg mener... nei,' sa Erik. Han bare så på Carl.

'Men vi vil også se hvordan saker og ting har forandret seg. Vi kjenner til nåtidens verden. Vi har lyst til å se hvordan saker og ting var *før*. Akkurat som du har lyst til å se hvordan saker og ting er *nå*.'

Plutselig fikk øynene til Erik et merkelig utrykk. Det var som om han kom på en idé. 'Å, vent litt. Dere kjenner nåtidens verden...' Han tok en pause. 'Javel. Dere kan bli med. Jeg har kanskje en oppgave til dere. Greit?'

'Greit!' svarte Carl. 'Så skal vi bare holde på klokken samtidig?'

'Ja. Det er bare å ta på klokken. Still dere opp! **Skynd dere**!'

Alle tok på klokken. Plutselig ble de **fraktet** til Norskehavet på det 17. århundre. Natten ble til dag og de var midt i en sjørøver**leir**. Det skjedde overraskende lett.

Carl og Susanne slapp klokken. Flere av sjørøverne stirret på dem. En av dem var en flott mann med mørk **hud** og langt hår. Han nærmet seg Kraken-Erik. 'God dag, **kaptein**! Endelig er du tilbake!' Han så på Carl og Susanne og la til: 'Og du har tatt med deg **gjester**?'
Erik smilte. 'Ja, Frank. Det har jeg gjort,' svarte han. Så snudde han seg mot de andre sjørøverne. 'Hør her!' skrek han. 'Disse menneskene er,' Kraken-Erik stanset. Han så på gjestene sine og spurte, 'Å! Hva heter dere?'
'Carl og Susanne,' svarte de.
'Det er riktig! Folk! Dette er Carl og Susanne!'

Sjørøverne **fulgte** ikke så mye **med på** det han sa. På grunn av klokken skjedde det mye rart. 'Ja, Carl og Susanne...' fortsatte Erik med et merkelig smil. 'Og de skal hjelpe oss. De skal hjelpe oss med å vinne i dag.' Dette fikk mennenes oppmerksomhet. Sjørøverne skrek av glede.
'Vinne?' sa Carl. 'Vinne hva da?'
Erik snudde seg mot Carl og Susanne. Så vendte han seg tilbake til mennene sine. 'Dere skal hjelpe oss å vinne slaget, Carl og... uh... Susanne.'
'Slaget?' ropte Susanne. 'Hvilket slag?'
'Det mot de norske **skipene**.'
'Hva? Det sa du ikke noe om!' svarte hun.
Kraken-Erik tok ikke hensyn til dem i det hele tatt. 'Tilbake til jobb!' ropte han til mennene sine. Og så

gikk han og sjørøveren som het Frank inn i **teltet** hans.

Carl og Susanne ble stående igjen for seg selv. De så ut på havet. Det var fullt av sjørøverskip. En stund etterpå kom Frank tilbake. 'Beklager,' sa han.

'Hva? Hvorfor sier du det?' spurte Susanne.

'Fordi Erik er sprø.'

Susanne og Carl så på hverandre. 'Sprø?' spurte Carl.

'Sprø,' Frank tok en pause og så på dem. 'Helt sprø.'

'Skjønner,' svarte Carl. 'Og hvorfor sier du det?'

'Fordi. Han tror han kan bruke dere.'

'Bruke oss?'

'Bruke dere. Til å stoppe de norske skipene. Nordmennene vet om klokken. Målet deres er å få tak i den og det til enhver pris. De **angriper** oss hver natt. Erik må stoppe dem. Han påstår at dere kan være til hjelp.'

Det var kamplyder langt unna. De første skipene var under angrep. Nordmennene var på vei! 'Hvordan vil Kraken-Erik at vi skal være til hjelp?' spurte Carl.

'Han påstår at dere to vet hva som vil skje. Dere lever i fremtiden.'

'Nei, nei, nei. Vi vet ikke hva som vil skje. Vi vet ingenting om dette slaget. Vi vet bare om klokken! Og det er dessuten bare et eventyr!'

Frank senket blikket. 'Erik kommer til å bli **skuffet**. Han vil gjøre hva som helst for å beholde den klokken. Hvis dere ikke kan hjelpe ham, trenger han dere ikke lenger.' Han ga dem et alvorlig blikk. 'Det kan være **farlig**.'

Susanne og Carl så på hverandre med redsel. 'Hmm... hva kan vi gjøre?' spurte Susanne.

'Dere må stjele klokken,' forklarte Frank. 'Hvis kapteinen ikke har klokken, blir det ingen kamp!'

'Uh... Javel. Når skjer det?'

'I ettermiddag. Kaptein Kraken kommer til å føre mange skip til kampen. Dere må ta klokken fra ham, dra tilbake til deres egen tid og aldri komme tilbake hit.'

Frank gikk tilbake til Eriks telt. Carl og Susanne satt ved stranden. 'Hva skal vi gjøre? Jeg er bare en urmaker. Og du er en sikkerhetsvakt,' sa Carl. 'Hvordan skal vi greie å stjele noe fra en sjørøver?'

'Vi må finne en måte å gjøre det på,' svarte Susanne. 'Vent litt! Jeg har en idé!'

Kapittel 2 Gjennomgang

Sammendrag

Mannen på stranden er sjørøveren Kraken-Erik . Han bruker en spesiell klokke for å reise i tid. Han kom nettopp fra det 17. århundre. Carl og Susanne drar tilbake til det 17. århundre sammen med ham. Når de kommer frem, bestemmer Erik at de skal hjelpe ham. De skal vinne et slag. En annen sjørøver vil at Carl og Susanne skal stjele klokken fra Erik. Da kan han ikke slåss for den lengre.

Ordliste

forutsette to presuppose

betingelser conditions

sprø silly, crazy; stupid

skynde seg to hurry

frakte to transport

leir camp

hud skin

kaptein captain

gjest guest

følge med på to focus or concentrate on something

skip ship

telt tent

angripe to attack

skuffet to be disappointed

farlig dangerous

Forståelsesspørsmål

Velg bare et svar på hvert spørsmål.

6) Klokken lar folk ___.
   a. reise i tid
   b. reise bare i det 17. århundre
   c. reise bare i det 21. århundre
   d. si hvor mange klokken er

7) Erik reiser til det 17.århundre med ___.
   a. Carl
   b. Susanne
   c. Carl og Susanne
   d. Frank

8) Erik vil ___.
   a. slåss mot de norske skipene
   b. flykte fra de norske skipene
   c. bo i Norge med Carl og Susanne
   d. gi klokken til en norsk kaptein

9) Erik tror at Carl og Susanne kan ___.
   a. ta ham med tilbake til deres tid
   b. fortelle ham hva som vil skje med slaget
   c. snakke med de norske angriperne
   d. hjelpe Frank ombord på skipet

10) Frank ber Carl og Susanne om å ___.
    a. dra tilbake til deres egen tid
    b. stjele klokken
    c. slåss mot de norske skipene
    d. rømme bort fra Erik

Kapittel 3 – Slaget

Noen få timer senere var alle sammen klare til kamp. Erik, Frank, Carl og Susanne gikk ombord på Kraken-Eriks skip. Det var veldig stort. Det hadde mange **kanoner**. Det var sjørøverens eget skip og favorittskipet hans. Frank var **nestkommanderende**. Kraken reiste alltid sammen med ham.

Kraken-Erik sto høyt oppe ved **roret**. Frank viste Carl og Susanne den øvrige delen av skipet. 'Hva syntes dere om skjønnheten vår?' spurte han.

Susanne så seg omkring og smilte. 'Oi! Jeg er ombord på et virkelig sjørøverskip. Dette er helt **utrolig**!' sa hun.

Frank lo. 'Det er da ingenting,' sa han. 'Vi ser det daglig.'

Frank tok Carl og Susanne tilbake til roret. Skipet **beveget** allerede på **seg**. Vinden var kjølig. Men det var ingen skyer. Alt de kunne se var det blå Norskehavet og kysten. Det var vakkert. Plutselig husket Carl det. De skulle i kamp mot nordmennene. De måtte gjøre noe for å stoppe det!

Kraken-Erik fulgte med på sjøen. Han var fremdeles ved roret. Carl og Susanne holdt øye med Erik. Plutselig hørte de Franks stemme bak dem. 'Nå, hvordan skal dere gjøre det?'

'Gjøre hva da?' svarte Carl.

'Stjele klokken! Dere må gjøre det før slaget er i gang.'

'Vent et øyeblikk,' sa Carl. 'Det er noe jeg ikke skjønner! Hvorfor vil Erik ha meg og Susanne om bord på skipet? Vi vet ikke hvordan man slåss!'

'Det var det jeg sa. Han tror dere kan seire over nordmennene på en eller annen måte.'

Carl løftet blikket. Han la merke til at Erik så på dem. Øynene hans viste ingenting. Han betraktet dem bare.

'Vel, han tar feil,' sa Carl. 'Vi kan ikke være til hjelp. Jeg skjønner ikke hva han tror vi kan gjøre.'

'For å si det som det er,' sa Frank, 'så vet heller ikke jeg hva han tenker på.'

'Hvorfor sier du det?' spurte Susanne.

'Se ut på sjøen.'

Carl og Susanne gjorde det og talte ti sjørøverskip.

'Ser du det? Vi har ti skip,' påpekte Frank.

Susanne skjønte ikke hva Frank mente med det. 'Ja, vi har ti skip. Og?'

Frank bare så på henne.

'Å, nå skjønner jeg,' sa hun. 'Vi har ti skip, men nordmennene har flere, ikke sant??'

'Ja.'

'Hvor mange flere?'

'De har tretti.'

'Tretti?' skrek Carl. 'Og vi har ti? Dere er helt sprø alle sammen!'

'Det er derfor jeg vil ha en slutt på dette. Dere må stjele klokken. Vi kan ikke vinne dette slaget. Men Kraken **gir** ikke **opp**. Ikke mot nordmennene. Ikke mot noen!'

'Javel. Hva kan vi gjøre?' spurte Carl.

'Vi stjeler klokken.' Susanne blandet seg inn i samtalen. Hun så på Carl. 'Som jeg sa, så har jeg en idé.'

Susanne forklarte planen hun hadde. 'Du er urmaker, ikke sant??'

'Joda,' svarte Carl.

'Fortell Erik at du kan vinne dette slaget. Men at du må ha klokken hans for å klare det.'

'Og hvordan skal jeg gjøre det?'

'Fortell ham at du vet hvordan den virker. Si at du kan stoppe de norske skipene med evnene den har.'

'Og så?'

'Løper du avgårde!'

'Det der er virkelig en dårlig plan,' sa Carl.

'Men det er den eneste vi har,' svarte Susanne.

Carl var enig i det.

Carl gikk bort til Erik. Tiden holdt på å renne ut. Kapteinen fortalte mennene sine hva de skulle gjøre.

Erik så Carl komme. 'Hva vil du? Vet du hvordan vi kan vinne dette slaget?'

'Umm, ja. Jeg vet hvordan. Kom her. Jeg skal fortelle deg det.'

Den kraftige sjørøveren og Carl gikk bort fra de andre. Frank og Susanne **lot som** om de ikke så noe.

'Erik, som du vet er jeg urmaker. Jeg må se på klokken din.'

Sjørøverens ansikt forandret seg helt.

'Hvorfor det?'

'Hvis du lar meg se på den tror jeg vi kan vinne dette slaget.'

'Hva mener du?' spurte Erik. Han så mistenksomt på Carl.

Carl visste ikke hva han skulle si. Han tenkte seg hardt om. Så sa han. 'Jeg tror jeg vet hvordan den virker,' løy han.

'Og?'

'Hvis du lar meg se på den, kan jeg forandre på den. Jeg kan forandre klokken. Da tar den oss til et annet sted. Et sted som er langt vekk herfra. Da slipper vi å slåss.'

Tiden var inne. De norske skipene var der. De begynte å **skyte** med kanonene sine. Sjørøverskipene skjøt tilbake. Skipene gynget da kanonkulene slo ned rundt dem. Erik skrek til mennene sine, 'Kom igjen! Fortsett skytingen! Vi kan ikke tape!'

Carl forsøkte å tenke. Han måtte få tak i klokken. Erik ville slåss så lenge han hadde klokken. Og uten klokken kunne ikke han og Susanne komme seg tilbake til Bodø.

'Hør på meg!' skrek Carl. Erik tok ikke hensyn til det. Kanonene på de norske skipene fortsatte å skyte. 'La meg se på den!' fortsatte Carl. 'La meg se på klokken!' skrek han. 'Da kan vi vinne slaget! Vi kan slå nordmennene!'

Erik så på ham. Men han holdt **fast** på klokken. Plutselig skjøt en kule gjennom roret. Erik mistet **balansen**. Han falt. Nå hadde han sjansen! Carl **grep** klokken fra Erik og løp av gårde. Erik oppfattet det som hadde skjedd. 'Stopp! Stopp den mannen!' skrek han.

Eriks menn begynte å jage etter Carl. Carl kastet klokken til Susanne. Hun fanget den fort opp og løp. Carl løp i hennes retning. Da så de Erik. Han var på vei mot dem.

De norske kanonene skjøt igjen. Erik forsøkte å få tak i Susanne. Plutselig trådde Frank til for å stoppe Erik. Han hjalp Susanne!

Susanne hadde klokken. Carl grep etter klokken. Erik grep etter klokken. Frank grep etter Susanne for å beskytte henne. Før de visste ordet av det **satte** klokken seg **i gang**. Hele gjengen var på vei inn i fremtiden. De var på vei til det 21. århundre!

Dagen ble til natt og så var de tilbake på stranden ved Breivika. Erik var den første som ble klar over det som hadde skjedd. Han så seg rundt etter klokken. Han kunne ikke se den noe sted!

Så så han den plutselig. Den lå under foten til Frank. Han skjøv Frank bort. Han tok opp klokken. Den var gått i stykker. 'Hva har du gjort Frank? Hva har du gjort?' skrek Erik.

Frank brydde seg ikke om ham. Han så på stranden. Og så betraktet han byen og menneskene. Det var den første gangen han var i fremtiden. Alt sammen var nytt og ganske merkelig.

Erik ble bare mer og mer **sint**. Han sa til Frank, 'Hva skal vi gjøre nå? Vi kan ikke dra tilbake! Hva skal vi gjøre?'

Ingen sa noe. Til slutt snakket Susanne. 'Bli med oss til verkstedet, Erik. Carl kan forsøke å reparere klokken din. Og hvis han klarer det, kan du dra hjem. Men da må du **ødelegge** klokken. Den er farlig! Det kommer aldri noe godt av den.'

'Jeg skal gjøre det,' svarte Erik.

Da så Susanne på Frank. 'Jeg må be deg om noe. Du må love å hjelpe Erik. Han må ødelegge klokken. Vær sikker på at han ikke beholder den. **Tving** ham til å gjøre det hvis du må. Hvis dere ikke ødelegger den, er det slutt på dere. Skjønner du det?'

'Jeg gjør det,' sa Frank. 'Når jeg kommer hjem, vil jeg aldri se den klokken mer!'

Til slutt så Susanne på Carl. 'Og du!' sa hun med et smil. 'Neste gang du har en sprø idé — som å reise i tid, så tar du ikke meg med deg!!'

Carl smilte og var enig i det.

Kapittel 3 Gjennomgang

Sammendrag

Alle sammen går ombord på Eriks skip for å ta del i slaget. Frank ber Carl om å raskt stjele Eriks klokke. Carl ber Erik om å vise ham klokken. Erik sier nei. Plutselig går nordmennene til angrep. Erik faller. Carl griper klokken og løper av gårde. Carl, Susanne, Erik og Frank slåss om klokken. Klokken setter seg i gang. De blir fraktet til Bodø i det 21. århundre. Klokken går i stykker under reisen. Carl er villig til å reparere den. Erik lover å ødelegge klokken når han kommer hjem.

Ordliste

kanon cannon

nestkommanderende second in command

ror helm

utrolig incredible

bevege seg to move; stir; move about

gi opp to give up

late som to pretend

skyte to fire; shoot

fast tightly

balanse balance

gripe to grab

sette i gang to activate; start up

sint angry, upset

ødelegge to destroy

tvinge to force; compel

Forståelsesspørsmål

Velg bare et svar på hvert spørsmål

11) Sjørøveren som heter Frank er ___.
   a. Eriks fetter
   b. Eriks sønn
   c. Eriks nestkommanderende
   d. bare en annen sjørøver

12) Frank ber Carl om å stjele klokken for å ___.
   a. slåss mot Erik
   b. dra tilbake til det 21. århundre
   c. reise til det 17. århundre
   d. bruke den for å slåss mot nordmennene

13) Da Carl snakker med Erik, ___.
   a. gir Erik ham klokken
   b. gir Erik ham ikke klokken
   c. stjeler Erik klokken
   d. prøver Erik å dra

14) Hvem blir fraktet tilbake til Bodø til slutt?
   a. Carl og Susanne
   b. Erik og Carl
   c. Erik og Frank
   d. Erik, Carl, Frank og Susanne

15) Carl reparerer Eriks klokke bare hvis han ___.
   a. drar tilbake til Norskehavet
   b. ødelegger klokken
   c. gir ham skipet sitt
   d. lar ham beholde klokken

Kisten

Kapittel 1 – Bergen

Det var en gang en mann som bodde på Vestlandet. Mannen var ganske gammel. Han het Andreas.

Andreas hadde aldri giftet seg. Han hadde hverken barn eller familie i nærheten. Han hadde bodd alene i mange år, men han var veldig snill. Han behandlet alltid alle pent.

Andreas hadde aldri reist langt. Han hadde reist rundt der hvor han bodde på Vestlandet. Men han hadde ikke vært lengre. Nå var det på tide å gjøre noe. Han hadde et **oppdrag**.

Andreas hadde ikke veldig god råd, men han var ikke fattig. Han hadde spart litt penger i sine yngre dager. Han planla å bruke disse pengene på oppdraget sitt. Han skulle til tre forskjellige steder. Han trengte penger til mat, hoteller og reise. Han hadde et oppdrag. Og han måtte gjennomføre det!

Andreas reiste først til Bergen. Det var mange mennesker som så på ham da han gikk forbi. Han hadde ikke klippet håret på lang tid. Han hadde langt **skjegg**. I tillegg var klærne hans veldig **merkelige**. Han så litt annerledes ut der på gaten i den store byen.

Andreas kom frem til Nygårdsparken. Det er en stor park i Bergen. Den var full av folk. Andreas nærmet seg en ung mann. Mannen var omtrent 25 år gammel. Han leste en lokalavis. Han satt og lente seg mot et tre. Han så veldig **rolig** ut.

Andreas satte seg ned ved siden av mannen. 'God dag,' sa Andreas.
'Hei...' svarte mannen. Han så **mistenksomt** på Andreas. Så fortsatte han å lese.
'Hvordan har du det, David?' sa Andreas.

Mannen løftet blikket. Han var veldig overrasket. Hvordan visste dette merkelige mennesket navnet hans? Han så **forsiktig** på den gamle mannen. 'Sa du David?' spurte han.
'Ja, jeg gjorde det.'
'Hvordan kjenner du navnet mitt?'
'Det kan jeg ikke fortelle deg.'
David sluttet å lese avisen. Han så på Andreas. Denne gangen enda mer forsiktig. Han så på det lange skjegget. Han forsøkte å se for seg seg mannen uten skjegg. Ingenting. Han hadde ingen **peiling** på hvem han var.
'Hva er det du vil?' spurte David. Nå var han blitt veldig mistenksom.
'Ta det med ro,' sa Andreas. Jeg er ikke kommet for å **skade** deg. Jeg er her for å fortelle deg om noe.'
'Sett i gang.'

Andreas tok et bilde ut av **lommen** sin. På bildet var det en **kiste**. Den så veldig gammel ut. Det så også ut som om det kunne være noe inni den. Noe av **verdi**.

'Hva er det for noe?' spurte David.

'Vet du ikke hva det er?'

'Det ser ut som en kiste. Jeg har aldri sett den noen gang.'

Andreas så nærmere på David og pekte på bildet. 'Se på dette.'

David så på bildet. Kisten hadde en **lås**. På låsen sto det tre nulltall. 'Det er en lås.'

'Nettopp, og...?' fortsatte Andreas.

'Tallene mangler?' spurte David.

'Akkurat!' sa Andreas. 'De tre tallene mangler!' Han så enda nærmere på David. 'Jeg trenger de tre tallene til oppdraget mitt,' sa Andreas.

'Oppdrag? Hvilket oppdrag?'

'Det kan jeg ikke si deg,' svarte den gamle mannen rolig.

David forsto ikke. Han hadde ikke peiling på hva mannen ville. Hvordan kunne han gi mannen tall han ikke visste noe om? Endelig sa Andreas, 'Jeg er sikker på at du har et av de tallene.'

'Jeg skjønner ikke hva du snakker om.'

'Tenk deg om, David. Du har helt sikkert en gammel **gjenstand**. En gjenstand som har et tall på seg?'

David tenkte seg nøye om. Han hadde ingen sånn gjenstand. Han var sikker på det. Men så husket han noe. Han hadde faktisk en gjenstand med et tall på. Kanskje var det den det gjaldt?

'Nå som du nevner det,' sa han **ivrig**, 'Jeg kan ha noe som stemmer! Vent her. Jeg skal gå og hente det!'

'Hvor skal du?' spurte Andreas.

'Hjem. Jeg må hente noe.'

'Vent! Jeg blir med.'

David så mistenksomt på mannen igjen. Han var gammel. Han så hyggelig ut. Han antok det var greit. 'Javel,' sa han. 'Følg med!'

David og Andreas forlot parken. De gikk tilbake langs en liten gate. Så tok de en buss til Davids hus. Det lå i en annen del av byen.

Mens de var på vei, spurte David Andreas, 'Hva heter du?'

'Jeg heter Andreas. Andreas Haugen.'

'Og hvor lenge har du vært i Bergen, Herr Haugen?'

'Å vær så snill, kall meg Andreas! Du trenger ikke være så høflig.'

'Javel, Andreas. Hvor lenge har du vært i Bergen?'

'Jeg har vært her i to timer.'

'Jaså? Det er ikke lenge.'

'Nei, men jeg liker meg godt! Det er mange hyggelige mennesker og fine steder her.'

'Ja, det er det.'

De to mennene fortsatte å prate sammen. De var fort fremme hos David. Huset var lite og **ryddig**. David tok Andreas med til **garasjen**. Der hadde David bevart mange ting fra gamledager. Han hadde ting fra da han var liten gutt. Han hadde noen gamle bilder. Han hadde til og med gamle karakterkort.

'Hva er det vi leter etter her?' spurte Andreas.

'Jeg kom på noe jeg har. Det kan være den gjenstanden du ser etter.'

'En gammel gjenstand? Med et tall på?'

'Ja, en gammel gjenstand med et tall på. Vent et øyeblikk, er du snill. Jeg skal lete etter den.'

David lette i en halvtime. Andreas forsøkte å hjelpe til. David ba Andreas om å sette seg. Han ville finne den selv. Etter en time hadde han endelig funnet tingen. 'Se her, Andreas,' sa han **ivrig**, 'Jeg har funnet den!'

'Hva har du funnet?' spurte Andreas. Han reiste seg og gikk bort. Han så forsiktig på David, 'Hvordan vet du at det er den jeg skal ha?'

'Jeg vet ikke, men jeg har hatt den lenge. Og det er et tall på den.'

David **pakket opp** et gammelt stoff. Inni lå det et gammelt **gullkjede**. Og i **anhenget** på gullkjedet var det et tall. 'Da du sa du trengte en gjenstand med et tall på,' begynte David, 'husket jeg dette.'

'Husker du hvem som ga deg dette gullkjedet?'

'Jeg er ikke sikker. Jeg har hatt det siden jeg var liten.'

Andreas smilte. Han åpnet garasjedøren. 'Hvor skal du hen?' spurte David.

'Jeg er ferdig her,' svarte Andreas. 'Husk det tallet. Og les dette.' Han ga David et brev. Og så gikk han sin vei.

'Vent! Kom tilbake! Vil du ha kjedet?' ropte David. Men Andreas var borte. Han hadde **forsvunnet** gjennom døren.

Andreas dro tilbake til sentrum. Han tok bybanen til **flyplassen**. Det neste stoppestedet hans var Trøndelag.

Kapittel 1 Gjennomgang

Sammendrag

Andreas er en gammel mann som kommer fra Vestlandet.
Han har et oppdrag. Han har et bilde av en gammel kiste.
Det er en lås på kisten. Tre tall mangler på låsen. I Bergen,
ber Andreas en mann som heter David om de tallene som
mangler. Han sier et av tallene er på en gjenstand David har.
David leter i garasjen sin og finner noe. Han viser Andreas
et gammelt gullkjede. Det er et tall på anhenget. Andreas
sier det er tallet han trenger. Han gir David et brev. Så drar
Andreas til Trondheim.

Ordliste

oppdrag mission

skjegg beard

merkelig strange; unusual

rolig quiet; calm

mistenksomt suspiciously

forsiktig carefully

peiling idea

skade to harm; damage; hurt

lomme pocket

kiste chest

verdi of value

lås lock

gjenstand object

ivrig excitedly

ryddig neat

garasje garage

pakke opp to unwrap

gullkjede gold necklace

anheng pendant

flyplass airport

forsvinne to disappear

Forståelsesspørsmål

Velg bare et svar på vert spørsmål.

1) Andreas er ___.

   a. en ung mann

   b. en mann i 40 års alderen

   c. en eldre mann

   d. en ung gutt

2) Andreas snakker til David først i ___.

   a. Trøndelag

   b. en park

   c. en flyplass

   d. en garasje

3) Andreas viser David et bilde av ___.

   a. en kiste

   b. en garasje

   c. et kjede

   d. en by

4) David tar Andreas til ___.

   a. flyplassen

   b. en drosje

   c. Trøndelag

   d. en garasje

5) Etter å ha snakket med David, reiser Andreas til ___.
   a. Vestlandet
   b. Oslo
   c. Trøndelag
   d. en park

Kapittel 2 – Trondheim

Noen få timer senere var Andreas trygt fremme i Trøndelag. Byen, Trondheim, var full av mennesker. Det var mange spennende ting å se og å gjøre. Men Andreas hadde et oppdrag. Han visste akkurat hvor han skulle.

Andreas tok en **drosje**. Han ga sjåføren en adresse i området. De ble enige om en pris. Det var i utkanten av Trondheim. Etter en stund kom han til et stort hus.

Huset så veldig **dyrt** ut. Eieren tok godt vare på det. Det tilhørte sannsynligvis en som var rik. Huset hadde en veldig stor hage. Det var flere hunder som løp omkring der. Huset hadde til og med en tennisbane!

Andreas sto utenfor. Han bare så på huset en stund. Så **banket** han på døren. Han banket på en gang til og ventet på at noen skulle svare. 'Hallo?' ropte han. Det kom ingen. Det så ikke ut til å være noen hjemme. Den gamle mannen så seg rundt. Han bestemte seg for å vente.

Andreas tok frem bildet av kisten. Han så nøye på det og smilte. Han la bildet tilbake i **jakken** sin. Han ventet litt lenger.

Andreas hørte en bil nærme seg. Som forventet, var det en dyr bil. Det satt en kvinne i den. Hun hadde store **solbriller** på seg. Hun så ikke Andreas.

Kvinnen trykket på en **knapp.** Garasjedøren gikk opp. Hun kjørte sakte innover. Hun så fremdeles ikke Andreas.

Kvinnen strakk seg mot knappen igjen. Hun ville stenge garasjedøren. Andreas kunne gå glipp av henne! 'Unnskyld meg? Vent!' ropte Andreas.

Endelig la kvinnen merke til Andreas. Hun stoppet med en gang. Garasjedøren holdt seg åpen.

'Ja? Hvem er du?' spurte hun.

'Kan jeg få snakke litt med deg?' spurte Andreas.

Kvinnen så mistenksomt på ham. Hun gikk ut av garasjen. En **hushjelp** kom opp fra hagen. Han så på kvinnen og sa, 'Nina, skal jeg ta meg av bilen?'

'Ja. Takk skal du ha, Morten.'

'Nina Larsen, hvis ikke jeg tar feil?' spurte Andreas.

'Jo, det er meg.' Nina så nøye på Andreas.

'Jeg er kommet for å snakke med deg. Det er viktig.'

'Viktig? Hvis det er **forretninger** det gjelder, kan jeg henvise deg til kontoret mitt.'

'Nei. Det er ikke forretninger,' svarte Andreas.

'Hva kan det ellers være?' spurte Nina. Andreas bare smilte. 'Vel, uansett hva det er, kan du bli med meg inn. Kom, er du snill.'

Andreas fulgte kvinnen inn. Huset var veldig stort. Det var faktisk kjempestort. Det var også veldig vakkert.

'Er alt dette ditt?' spurte Andreas.

'Ja,' svarte hun. 'Jeg jobber som designer. Da jeg var 19 startet jeg en bedrift.' Hun stoppet og så seg rundt. 'Hva skal jeg si? Jeg har gjort det veldig bra.'

'Jeg ser det. Wow! Du må ha arbeidet mye.'

'Ja. Jeg har jobbet hardt.' Hun begynte å gå igjen. 'Kom denne veien, er du snill.'

Andreas og Nina gikk opp noen trappetrinn. De kom til en stor dør. Det var en veldig pen **tredør** av gammelt design.

'Er huset ditt veldig gammelt?' spurte Andreas.

Nina smilte. 'Nei, det er det ikke. Men det ble bygd etter en gammel tegning. Jeg har veldig **klassisk smak**.'

Nina åpnet døren. Andreas så seg **forbauset** rundt. Rommet var enormt. Det var fullt av fine og dyre møbler. Det var også veldig ryddig og pent.

Morten, hushjelpen, kom inn. Han hadde med seg **ettermiddagsmat**.

'Unnskyld, jeg fikk ikke med meg navnet ditt,' sa Morten.

'Andreas.'

'Andreas, vil du ha noe å drikke?'

'Ja, gjerne en kopp te. Tusen takk.'

Nina tok av seg jakken sin. Det var en veldig varm dag. Morten snakket til Andreas igjen. 'La meg ta jakken din.' Andreas tok av seg jakken sin. Han ga den til Morten. Morten gikk ut, men kom fort tilbake. Han ga Andreas en kopp varm te. Så lot han Nina og Andreas være i fred.

Nina og Andreas satte seg ned. De så på hverandre. 'Velkommen hjem til meg, Andreas. Kan du fortelle meg hvorfor du er her?'

Andreas drakk litt te og satte koppen sin tilbake på bordet. 'Jeg trenger et tall,' sa han rolig.

Nina ble like forbauset som David. 'Et tall?' spurte hun.

'Ja, et tall.'

'Et **bestemt** tall?' spurte Nina.

'Ja. Det skal være på en gjenstand du har. Kan du tenke deg hva det kan være?'

Nina tenkte seg om en stund. Hun forsøkte å forstå hva Andreas mente. I motsetning til David kunne hun ikke huske noe.

'Jeg skjønner ikke hva du mener. Hvis du kunne være så snill å forklare...'

Andreas så seg rundt. 'Det andre tallet må være her et eller annet sted,' tenkte han. 'Bildet, selvsagt! Han måtte vise henne bildet!'

'Kan du be hushjelpen din hente jakken min?' spurte Andreas.

'Selvsagt,' svarte Nina.

Morten gikk ut. Noen sekunder senere kom han tilbake med jakken til Andreas. Andreas lette i lommene på jakken sin. Den hadde mange lommer. Det var vanskelig å finne bildet. Det tok tid. Nina ble **utålmodig**.

Endelig fant han det. 'Her er det!' Andreas lo. 'Jeg fant det! Det er denne vi trenger det tallet til.'

Han la bildet av kisten på bordet. Nina tok opp bildet. Hun så nøye på det. Plutselig husket hun noe!

'Jeg vet ikke hvorfor... men jeg tror jeg husker noe,' sa hun.

'Tenk, Nina, tenk hardt, ' sa Andreas.

Nina reiste seg. 'Bli med meg, Andreas,' sa hun. 'Jeg vet ikke hvem du er eller hva du vil. Men du har fått meg til å tenke på noe.'

Andreas smilte. Han og Nina gikk ut av huset. De gikk inn i en liten bygning som lå ved siden av. Innvendig lignet det et lite, privat **museum**. Det var mange tegninger, malerier og andre verdifulle ting der.

I nærheten av en vakker tegning, fant Nina en liten boks. Hun åpnet den. I boksen lå det et kjede. Kjedet var likt som det David hadde. Det var veldig gammelt, men Nina klarte å åpne anhenget og kunne fremdeles lese tallet som var inni det.

Nina ga Andreas kjedet. Han så nøye på det. 'Javel. Det er alt jeg trenger,' sa han rolig.

'Jeg forstår fremdeles ikke, Andreas. Hva er det du vil? Kisten minnet meg om kjedet. Men jeg skjønner ikke hvorfor. Gjør du? Er det viktig?'

Andreas stoppet et øyeblikk. 'Jeg må gå nå, Nina. Ikke still flere spørsmål.' Han rakte henne et brev. Så tok han en pause og sa, 'Husk tallet. Og les dette. Det vil hjelpe.'

Andreas snudde seg og gikk sin vei. Idet han forsvant ropte han, 'Jeg er på vei til Oslo! Vi sees snart, Nina!'

Nina hilste ikke tilbake. Det kunne hun ikke. Hun hadde ikke peiling på hvorfor Andreas hadde kommet. Hun så på brevet. Det hele virket veldig mistenksomt, men allikevel ganske viktig. Hun foretrakk å glemme det hele. Men den gamle mannen skulle få lov til ha det gøy. Hun åpnet brevet sakte.

Kapittel 2 Gjennomgang

Sammendrag

Andreas reiser til Trondheim. Han besøker en kvinne som heter Nina. Hun bor i et stort hus. Andreas forteller Nina om kisten. Han ber henne om å huske et tall. Endelig husker hun noe. Hun viser Andreas et gammelt kjede. Anhenget har et tall på seg. Nina har mange spørsmål. Andreas gir ikke noen svar. Han gir Nina et brev og drar sin vei. Nina begynner å lese brevet.

Ordliste

drosje taxi, (*Am. English*) cab

dyr expensive

banke to knock

jakke jacket

solbriller sunglasses

knapp button

hushjelp domestic worker

forretning business

tre(dør) wooden (door)

klassisk traditional, classic

smak taste

forbauset astonished

ettermiddagsmat afternoon tea or meal

bestemt specific

utålmodig impatient

museum museum

Forståelsesspørsmål

Velg bare et svar på hvert spørsmål.

6) Ninas hus er ___.
   a. stort og vakkert
   b. lite men vakkert
   c. mellomstort
   d. stort men ikke så pent

7) Hushjelpen heter ___.
   a. Morten
   b. Andreas
   c. David
   d. Nina

8) Nina husker et tall da Andreas ___.
   a. snakker om tallet
   b. viser henne bildet av kisten
   c. snakker om kisten
   d. snakker om et kjede

9) Nina ___.
   a. skjønner ikke hva som skjer
   b. vet hva Andreas gjør
   c. skal ikke la Andreas ha det gøy
   d. kan ikke hjelpe Andreas

10) Andreas hilser og ___.
   a. reiser til Trondheim
   b. reiser til Bergen
   c. hviler en dag
   d. reiser til Oslo

Kapittel 3 – Oslo

På Trondheim flyplass kjøpte Andreas mat til reisen. Han trengte å hvile. Han begynte å bli trøtt. Så husket han oppdraget sitt. Det var bare en person igjen å møte. Så var oppdraget fullført!

Andreas gikk ombord på flyet. Kort tid etterpå var han i Oslo. Som vanlig, tok han en drosje inn til byen. På veien inn kjørte drosjen forbi Museet for samtidskunst. Andreas så hvor stort det var. Han spurte sjåføren, 'Har du vært på det museet noen gang?'

'Ja. Det er fint, men kunsten er veldig merkelig. Det er veldig **moderne**. Alt for mange merkelige former og farger... jeg foretrekker klassisk kunst.'

'Det gjør jeg også,' sa Andreas. 'Jeg har alltid foretrukket klassiske ting.' Han så ut av vinduet mens drosjen fortsatte å kjøre.

Endelig kom Andreas frem til Oslo sentrum. Han betalte sjåføren, gikk ut og så seg omkring. Det var så mye å se. Men han måtte konsentrere seg! Oppdraget hans var nesten fullført.

Andreas visste ikke riktig hvor huset til den tredje personen var. Han stoppet en mann på gaten og viste ham adressen. 'Unnskyld, kan du fortelle meg, hvordan kommer jeg meg dit?' spurte han.

'Åh, jeg kjenner til det stedet,' svarte mannen. 'Det er ved siden av **båtutleie**firmaet.' Han viste Andreas hvilken retning han skulle gå.

'Tusen takk!' sa Andreas og gikk sin vei.

Andreas bestemte seg for å gå. Det var sunt å gå. Dessuten holdt viktige **begivenheter** på å skje. Det ville gi ham tid til å **vurdere** saker og ting.

Til slutt kom Andreas frem til båtutleiefirmaet. Ved siden av var det et lite trehus. 'Jeg håper det er noen hjemme denne gangen!' tenkte han. Han husket Nina i Trondheim. Han likte ikke å vente. Han var utålmodig, han også.

Andreas banket på døren. En ung mann i 25-årsalderen åpnet døren. Han lignet litt på Andreas, men uten skjegget. 'Hallo!' sa mannen. 'Hva kan jeg hjelpe med? Har du lyst til å leie en båt? Kanskje bestille en tur?'

'Øh... nei,' svarte Andreas. 'Jeg heter Andreas,' fortsatte han. 'Jeg vil snakke med deg.'

'Javisst. Jeg heter Arne. Kom inn.'

Andreas så seg rundt. Huset var klassisk og greit. Eieren så ut til å være både klassisk og grei selv. Arne hadde på seg enkle klær. Han hadde klassisk smak. Alt var pent og ryddig.

'Vel?' sa Arne. 'Du ville snakke med meg?' Andreas begynte å snakke. Men så la han merke til noe. Arne hadde på seg en **ring**. Det var et tall på ringen. Andreas begynte å le.

'Hva er det?' spurte Arne, bekymret.

'Jeg trodde det skulle bli vanskeligere!'

'Unnskyld meg?' sa Arne.

'Den ringen din... hvem fikk du den av?'

'En gave jeg fikk for lenge siden. Da jeg var en liten gutt. Jeg husker ikke hvem som ga den til meg. Jeg tror det var et kjede før.'

Andreas så på tallet. Han hadde funnet alle de tre tallene. Oppdraget hans var fullført... nesten fullført. Det var bare et par ting til som måtte gjøres.

'Arne,' begynte Andreas, 'Se på dette.' Han viste Arne bildet av kisten. 'Denne kisten har en lås. Vi trenger 3 bestemte tall for å åpne det. Og tre forskjellige mennesker har de tallene. Du er en av dem.'

Arne så mistenksomt på ham. Så spurte han, 'Og hva er det i kisten?'

'Det kan jeg ikke si akkurat nå.'

'Men hvorfor har jeg et av tallene?'

'Det kan jeg heller ikke si noe om,' svarte Andreas. Han ville ikke si noe mer. Ikke enda.

Andreas ga Arne et brev og fortsatte. 'Les dette brevet. De to andre har fått like brev. Brevene forteller hva man skal gjøre. Jeg må gå nå. **Stol på** meg, vi sees snart.' Andreas snudde og gikk sin vei.

Arne var så overrasket at han ikke visste hva han skulle gjøre. Han åpnet brevet. Der sto det:

Kjære David, Nina og Arne!

Takk for at dere leser brevet mitt. Som dere vet har jeg hjulpet dere med å finne et tall hver. Det er to andre mennesker som også har et tall. Disse tallene betyr ingenting hver for seg. Men til sammen åpner de en kiste som er på Vestlandet. Kisten er hjemme hos meg. Jeg vil gjerne invitere dere dit. Møt meg der om tre dager.

Det er ikke noe annet jeg kan skrive nå. Ikke prøv å kontakte meg. Dere får snart vite hvem jeg er. Men i dag er ikke dagen for det. Ha en god tur!

Hilsen
Andreas

Tre dager senere kom David, Nina og Arne til Bergen. Alle tre dro til adressen som sto i brevet.

Nina og Arne kom frem først. Så kom David. 'Hei,' sa David.

'Hallo,' sa Nina og Arne.

Alle tre stoppet opp et øyeblikk. Endelig spurte David, 'Hva gjør vi her?'

'Har dere lest brevet?' spurte Nina ivrig.

'Ja,' svarte begge mennene

'Men jeg har ikke peiling på hva dette gjelder,' la David til.

'Vel, la oss gå og finne ut av det,' sa Nina. Hun banket på døren.

Andreas åpnet døren for dem. Han var pent kledd. Tross alt var dette en veldig spesiell begivenhet. 'Hallo,' sa han rolig. Så inviterte han dem inn og sa: 'Takk for at dere kom.'

Huset var enkelt og ryddig. Det var veldig klassisk. Andreas foreslo en kopp te, men ingen av dem ville

ha. De var altfor spente. Til slutt smilte Andreas og sa,
'Følg meg.'

Andreas tok Arne, Nina og David inn i et rom. I
midten sto kisten. De løp mot kisten. De hadde hvert
sitt tall. De var klare til å åpne kisten.

David begynte. Så satte Nina inn sitt tall. Til slutt
var det Arnes tur. Da han satt inn tallet sitt kom det en
lyd fra låsen. Arne tok opp lokket på kisten. Den var
helt stappfull. På toppen lå det et annet brev.

Arne lo. 'Ha! Enda et brev? Jeg kan ikke tro det!'
'Er det noen som vil lese det?' spurte Nina.
'Jeg leser det,' sa David
David tok brevet ut av kisten. Han leste høyt for de
andre:

*Hallo, David, Nina og Arne. Tusen takk for at dere kom.
Jeg har fått dere hit for en spesiell grunn. Dere vet alle tre at
dere ble **adoptert**. Jeg sjekket det med **byrået**.*

Davids hender **skalv.** 'Er det tilfelle for dere også?'
'Ja,' sa Arne.
'For meg også. Fortsett,' sa Nina.

*Dere tre... dere er **søsken**. Jeg er onkelen deres. Moren
deres var søsteren min. Hun og faren deres omkom i en
ulykke. Det skjedde like etter at David **ble født**. Disse
tingene tilhørte foreldrene deres. Kjedene kommer også fra
dem.*

*Etter det **forferdelige** tapet av foreldrene deres, var jeg
den eneste familien dere hadde. Jeg forsøkte å opprettholde*

en tradisjonel familieordning. Men jeg kunne ikke passe på
et nyfødt og to små barn alene. Dere måtte adopteres bort.
Jeg ville ikke sette dere på institusjon. Men jeg ville være
sikker på at dere fikk kjærlige og gode foreldre. Jeg ville at
dere skulle ha det beste mulige livet det gikk an å få. Jeg ba
et adopsjonsbyrå om hjelp.

Nå som dere alle er voksne er tiden inne. Jeg måtte
fortelle dere dette. Dere har flere familiemedlemmer enn de
dere allerede er glad i. Se dere rundt. Jeg oppmuntrer dere til
å møte hverandre, og til å møte meg, onkelen deres!

Kjærlig hilsen
Andreas

David, Nina og Arne så på hverandre og snudde seg.
Der sto Andreas — onkelen deres. Han så på dem og
smilte. 'Jeg har så mye å fortelle dere!' sa han rolig.

Kapittel 3 Gjennomgang

Sammendrag

Andreas reiser til Oslo. Han kommer til huset til den tredje personen. Arne har det tredje tallet. Andreas ber David, Nina og Arne om å komme hjem til ham. De kommer til Bergen. De er klare til å åpne kisten. De drar til huset hvor Andreas bor. Kisten åpnes. Den inneholder mange ting. Det ligger også et brev der. Brevet forklarer at de er søsken og at Andreas er onkelen deres.

Ordliste

moderne modern
båt boat
utleie rental
begivenhet event
vurdere to consider
ring ring
stole på to trust
adoptere to adopt
byrå agency; office
skjelve to shake
søsken siblings
ulykke accident
bli født to be born
forferdelig terrible; awful

Forståelsesspørsmål

Velg bare et svar på hvert spørsmål.

11) Andreas reiser til ___.
  a. Bergen og Tronheim
  b. Bergen
  c. Oslo og Vestlandet
  d. Oslo

12) Andreas snakker til drosjesjåføren om ___.
  a. familien hans
  b. sin egen familie
  c. et kunstmuseum
  d. turen sin til Oslo

13) Arne bor ___.
  a. i nærheten av en park
  b. på en båt
  c. i en liten landsby
  d. i nærheten av fjorden

14) Til slutt inneholder kisten ___.
  a. bare et brev
  b. et brev og endel ting
  c. et brev fra foreldrene deres
  d. penger

15) David, Nina og Arne er ___.
  a. kusiner og fettere
  b. søsken
  c. venner
  d. barn

Ukjente landområder

Kapittel 1 – Et nytt land

For flere hundre år siden bodde vikingene i Nord-Europa. Denne perioden av historien er kjent som vikingtiden. **Landområdet** deres var kaldt. Det var ikke flatt. Det var dekket av **fjell**. Derfor produserte de ikke nok mat. Det er kanskje grunnen til at vikingene alltid søkte etter nytt land.

I vikingtiden var det en by som het Asglor. I Asglor bodde det en ung mann. Han var litt over 20 år gammel. Han het Thoric.

Thoric var veldig sterk. Han var høy og hadde pene trekk. Han hadde langt brunt hår og stor nese. Han hadde bred munn og kraftige bein og armer.

En ettermiddag kom Thoric tilbake etter å ha vært på **jakt**. Byen Asglor var full av folk. Solen skinte. Det var litt kaldt. På veien hjem møtte Thoric en kjent **oppdager**. Han het Niels. Niels tilbrakte mye av tiden sin utenfor Asglor. Han utforsket nye trakter. Han søkte etter nye steder å dyrke mat.

Thoric **vinket** til Niels. 'Hei!' ropte han.

'Thoric!' svarte Niels.

'Niels. Er du fremdeles i byen?'

'Ja. Jeg blir to netter til.'

'Og hvor skal du etterpå?'

'Jeg vet ikke riktig. **Høvding** Eskol sier det er veldig langt unna.'

Thoric hadde mye respekt for høvding Eskol. Han var en stor mann. Han hadde det lengste håret Thoric noen gang hadde sett! Han hadde også svære **muskler** og en alvorlig stemme. Eskol var en veldig **streng** mann. Han hadde mange regler og lover. Av og til var han slem. Folk flest anså ham likevel som en god leder.

'Har høvding Eskol nye planer?' spurte Thoric nysgjerrig.

'Ja, men han har ikke fortalt oss noe om dem. Han har bare sagt at vi må dra lengre.'

Høvding Eskol sendte ofte ut **ekspedisjoner**. De utforsket områder utenfor byen. Asglor var et lite sted. Det lå ved siden av noen fjell og en liten **innsjø**. I nærheten av innsjøen var det en **elv** som førte til sjøen. Om sommeren var det nok mat. Men om vinteren var dyrene og plantene borte. Da var det ikke mye mat å få. I løpet av den forrige vinteren var det folk som døde. Høvding Eskol visste han måtte finne nytt land snart.

'Det var gode nyheter!' sa Thoric. 'Jeg vil ikke ha en **mangel** på mat i vinter!'

'Ikke jeg heller. Familien min må få bedre mat. Jeg kan ikke bare gi dem **kjøtt** hele tiden.'

Thoric hadde aldri møtt familien til Niels. Han visste bare at faren hans var en kjent oppdager han også. 'Niels, jeg må dra,' sa Thoric til slutt. 'Jeg må slakte de dyrene jeg nettopp skjøt. Familien min skal selge kjøttet.'

'Javel, gutt. Ha en fin dag.'

Thoric dro hjem. Han snakket med foreldrene og søsteren sin. Familien hans var bønder. De hadde et lite stykke land. De dyrket korn og avlet også opp dyr. De beholdt hunndyrene. De solgte handyrene. De solgte også kjøttet fra Thorics jakt. De tjente penger, men det var aldri nok.

Den natten fikk ikke Thoric sove. Det var for mye å tenke på. Hvor skulle høvding Eskol? Hva var det med denne nye ekspedisjonen?

To dager senere gikk Thoric på jakt igjen. Det var færre og færre dyr. Vinteren nærmet seg. Det begynte å bli vanskelig å finne noe å skyte!

Thoric kom tilbake fra jakt og møtte Niels. Niels gikk raskt. 'Thoric! Skynd deg!' ropte han.

'Hva er det, Niels?'

'Høvding Eskol har innkalt til møte. Hele byen må være tilstede.'

'Skal han fortelle oss om planene sine?'

'Ja, det er høyst sannsynlig! Jeg må gå. Ta det kjøttet med hjem og skynd deg!'

Thoric tok kjøttet hjem og gikk raskt til Storsalen. Storsalen var en svær trebygning. Veggene var dekket med bilder av viking**gudene**. Salen var høvding Eskols hjem. Han bodde der med **konen** sin og fire barn. Alle de som tjenestegjorde eller jobbet for ham og byen bodde også der.

Samtaler og møter ble ofte holdt inne i Storsalen. Da kalte høvding Eskol inn alle sammen og hele byen kom. Det var da man fikk viktige nyheter. Og det var akkurat det de fikk denne gangen.

Kapittel 1 Gjennomgang

Sammendrag

Thoric er en jeger fra vikingtiden. Han bor i en by som heter Asglor. Høvding Eskol er Asglors leder. Niels er oppdager. Han finner nytt land for høvding Eskol. Niels forteller Thoric at høvding Eskol har nye planer. Eskol ønsker å utforske videre. Høvding Eskol kaller inn til et møte. Hele byen kommer for å høre de viktige nyhetene.

Ordliste

landområde territory

fjell mountain

jakt hunt

oppdager explorer

vinke to wave

høvding chief of a group of Vikings

muskel muscle

streng strict

ekspedisjon expedition

innsjø lake

elv river

mangel shortage

kjøtt meat

gud god

kone wife

Forståelsesspørsmål

Velg bare ett svar på hvert spørsmål.

1) Thoric er ___.
   a. en oppdager
   b. en jeger
   c. høvdingen
   d. en jordbruker

2) Niels er ___.
   a. en oppdager
   b. en jeger
   c. høvdingen
   d. en jordbruker

3) Eskol er ___.
   a. sjefen for de oppdagerne
   b. en prest
   c. en jordbruker
   d. høvdingen

4) Landsbyen Asglor ___.
   a. har nok mat hele året
   b. trenger mer mat om sommeren
   c. trenger mer mat om vinteren
   d. trenger flere jegere

5) Niels tror møtet sannsynligvis handler om ___.
   a. Asglors mangel på mat om dagen
   b. Niels utforskningsplaner
   c. Thorics jaktplaner
   d. høvding Eskols utforskningsplaner

Kapittel 2 – Mot vest

Møtet var som Thoric hadde håpet det skulle være. Det handlet om høvding Eskols **strategi** for den neste ekspedisjonen. Det var sant. Eskol ville reise lengre bort, mye lengre.

Høvding Eskol fortalte om den nye planen sin. Han ville forbi både fjellene og innsjøen. Han ville følge elven ned til havet. Han ville reise over havet for å finne nytt land. Strategien hans var å dra så langt vest som mulig.

Folk i Asglor ble overrasket, Thoric og Niels også. Men alle var enige om ekspedisjonen. Byggingen og organiseringen begynte **umiddelbart**.

Det gikk en måned. Det gikk veldig sakte. Det ble snart vinter. Folk i Asglor visste de kom til å trenge mer mat snart. De ville helst unngå mangel på mat. Forhåpentligvis ble dette den siste vinteren med sult.

Niels var ansvarlig for å bygge **skipene**. De ble laget av trær som vokste langs elven. Høvding Eskol besøkte byggeplassen ofte. Han ville få rede på **fremgangen**. 'Si meg, Niels,' sa Eskol 'Når kan vi **seile**? Jeg ser at noen av skipene er ute på elven allerede.' Så la han til med en alvorlig stemme. 'Vi må seile snart.'

'Jeg er ikke sikker, høvding. Kanskje om en uke? Muligens før.'

'En uke? Bra jobbet!'

'Ja, treverket er bra. Materialene er sterke. Og byggerne våre er svært dyktige,' kunne Niels fortelle.

Den kvelden holdt høvding Eskol en ny tale i Storsalen. Det var på tide å bestemme hvem som skulle bli med på skipene. Det var bare plass til 75 menn. Én etter én løftet mennene hånden for å bli med. De fleste av dem var **krigere**. Krigerne var veltrente. Evnene deres ville komme godt med på ekspedisjonen.

Thoric ville også dra. Selv om han ikke var kriger, var han en veldig flink jeger. Mat var alltid viktig på en ekspedisjon. Thoric løftet hånden. 'Du vet ikke hva slags mat du finner,' sa Thoric til høvdingen. 'Du trenger jegere. Jeg kan **jakte** hvor som helst og hva som helst,' sa han.

Høvding Eskol så på ham og sa, 'Javel, Thoric. Bli med oss.'

Fra og med det øyeblikket gledet Thoric seg til at ekspedisjonen skulle begynne. Da dagen kom, forberedte høvding Eskol, Niels, Thoric og resten av vikingene seg til å seile. De ba gudene om å hjelpe dem. Konene og familiene deres sa farvel. Eskol overlot kontrollen til kona si mens han var borte. Hun kom for å diskutere saker og ting med mennene. Hun oppmuntret dem også. Det kom til å bli en lang reise. Til slutt gikk mennene om bord på skipene. Ekspedisjonen begynte.

De tre skipene begynte reisen mot vest. Skipene var i utmerket stand. Alle om bord var fornøyde. De første ukene gikk uten problemer.

De fortsatte reisen i flere uker. Utforskerne så ikke land ennå, bare vann. De så ikke **fugler** engang. Fugler betydde at det var land i nærheten.

Noen av vikingene begynte å stille spørsmål. 'Høvding Eskol, er du sikker på at det finnes fastland i vest?' spurte en av mennene.

'Det er jeg sikker på.'

'Hva om vi ikke finner det?'

Høvding Eskol ble **sint**. 'Vi kommer ikke til å mislykkes!' **skrek** han. 'Det finnes land i vest. Noen har fortalt meg det. Noen som har sett det med sine egne øyne. Skjønner dere? Jeg vil ikke si dere mer,' sa høvdingen. Samtalen var over.

Eskol var sterk og målrettet. Han likte ikke at folk stilte spørsmål. Men han visste at mennene ikke delte hans sterke tro. For dem var det uklart. Han bestemte seg for å si noe til mannskapet. 'Det finnes land i vest!' skrek han. 'Jeg kan **bevise** det! Skjønner dere? Jeg har **bevis**!' Han viste frem et lite stykke stoff. På stoffet var det **merkelige** bilder. 'Det er noen som har laget dette. Dere må stole på meg! Jeg vet det finnes land der!'

Vikingene ble **stille** og fortsatte å ro. Men alle hadde det samme spørsmålet i tankene: 'Hvem hadde fortalt høvding Eskol at det var land i vest?'

Senere på dagen begynte det plutselig å regne. Vinden ble sterkere. Sjøen ble **voldsom**. Snart utviklet det seg en **storm** de aldri hadde sett maken til. Den sto så hardt på skipene at de nesten ikke kunne seile. Vikingene kjempet for å holde skipene samlet.

Endelig gikk stormen over. Høvding Eskol kunne se **himmelen** igjen. Han sjekket hvor skipene var. Og så ble han sint. Stormen hadde endret **kursen** deres! Eskol kunne ikke være sikker på hvor de var. Han kunne ikke fortelle det til mannskapet. Han kunne bare håpe han fremdeles hadde rett. De måtte komme til land hvis de reiste vestover.

Noen dager senere **våknet** Thoric tidlig. Han så opp mot himmelen. Plutselig så han noe. Til å begynne med kunne han ikke tro det. Han så opp en gang til. Jo, de var der!

Thoric løp bort til Niels. 'Niels! Niels! Stå opp!' skrek han.

'Hva skjer?' sa oppdageren, fremdeles med lukkede øyne.

'Det er fugler!'

'Hva?'

'Det er fugler på himmelen! Det er land i nærheten!'

Niels åpnet øynene raskt. Han så opp. Der, langt mot vest så han fugler! 'Så det er sant!' skrek han.

Niels sto opp. Han måtte melde fra til høvdingen. Thoric ble med ham. 'Stå opp Eskol!' ropte Niels.

Eskol våknet fort. 'Niels? Thoric? Hva er det som har skjedd?'

'Det er fugler på himmelen!' skrek Niels.

'Det er land i nærheten!' skrek Thoric.

Eskol kom seg raskt på beina. Og så ropte han til mannskapet: 'Ro! Kom igjen! Alle sammen må stå opp! Det er land i nærheten! Ro!'

Vikingene rodde raskt og så endelig land. Eskol beordret skipene til å stoppe ved en **strand** i nærheten. Stranden var veldig lang. Det var mange trær og fjell omkring. Det var vakkert.

Vikingene forlot skipene sine. Eskol kalte sammen mennene. Så delte de seg inn i små grupper. Til en av dem, sa høvdingen, 'Dere skal samle inn ved. Vi trenger et bål.' Han så på Niels og Thoric. 'Vi har veldig få **forsyninger** igjen,' sa han. 'Vi kommer ikke til å klare oss lenge med mindre vi drar på jakt. Skyt flere dyr.'

Thoric og Niels gikk på jakt, men ingenting virket vanlig. Trærne og lydene var annerledes. Til og med dyrene var annerledes. Men mennene var sultne. De drepte og spiste de ukjente dyrene allikevel. Kjøttet var annerledes det også, men det var ikke så verst.

Den kvelden talte høvding Eskol til mennene. 'Vi har mat nå. Og det er vi takknemlige for,' sa han til dem. 'Men nå må vi utforske. Vi må se hva som er bortenfor stranden. Vi må finne ut om vi kan drive jordbruk her. Hvis vi kan dyrke mat her, vil det komme flere vikinger.'

En av mennene spurte, 'Hvordan kan vi vite hvor vi er? Noen menn mener at stormen satte oss ut av kurs.'

Høvding Eskol sa ikke noe på flere minutter. Han **tok ikke hensyn** til spørsmålet. Til slutt sa han, 'Vi må utforske dette stedet. Vi begynner i morgen ved **soloppgang**.'

Kapittel 2 Gjennomgang

Sammendrag

Høvdingen deler planen sin med landsbyboerne. Planen er å seile vestover. Thoric og Niels blir valgt til å bli med på reisen. De drar av gårde. Uker senere frykter mennene at det ikke finnes noe land i vest. Høvding Eskol viser dem et bevis på det. Senere på dagen kommer det en storm. Skipene blir satt ut av kurs. Til slutt finner de land. De forlater skipene. De går på jakt etter mat. De planlegger å utforske stedet dagen etter.

Ordliste

strategi strategy

umiddelbart immediately

skip ship

fremgang progress

seile to sail

kriger warrior

jakte to hunt

fugl bird

sint angry

skrike to shout

å bevise to prove; demonstrate

bevis evidence

merkelig unusual; strange

stille quiet

voldsom great; intense

storm storm

himmel sky

kurs (på et skip) course (of a ship)

våkne to wake up

strand beach

forsyninger resource, supply

ikke ta hensyn to disregard; ignore

soloppgang sunrise

Forståelsesspørsmål

Velg bare ett svar på hvert spørsmål.

6) Hvor mange vikinger er med på ekspedisjonen?
   a. 30
   b. 60
   c. 75
   d. 85

7) Hvor mange båter er med på ekspedisjonen?
   a. 2
   b. 3
   c. 4
   d. 5

8) Midtveis på reisen ___.
   a. blir skipene angrepet av andre vikinger
   b. kan ikke skipene holde sammen
   c. begynner skipene å ta inn vann
   d. møter skipene en storm

9) Hvem er den første som ser fugler i himmelen?
   a. Thoric
   b. Niels
   c. Høvding Eskol
   d. Niels' far

10) I hvilken rekkefølge planlegger vikingene å gjøre disse tingene?

a. utforske landet, gå på jakt, dyrke mat

b. dyrke mat, gå på jakt, utforske landet

c. gå på jakt, dyrke mat, utforske landet

d. gå på jakt, utforske landet, dyrke mat

Kapittel 3 – Avgjørelsen

Mennene sto opp med sola. De spiste noen av forsyningene som var igjen etter turen. De hadde også kjøtt fra jakten.

Thoric gikk bort til høvding Eskol så snart han var ferdig. 'Hei, høvding,' sa han.
'Hei, Thoric. Trenger du noe?'
'Jeg må snakke med deg.'
'Kom igjen.'

Thoric ville spørre om en ting. 'I begynnelsen,' begynte han, 'var mennene i **tvil** om turen. De stilte mange spørsmål. De visste ikke om det var noe land i vest. Men du har vært en god leder. Vi er kommet trygt frem til dette landet.'
'Ja. Hva er det du vil si, Thoric?'
'Mannen som fortalte deg om landet og ga deg beviset, hvem var det?'
'Han som fortalte meg at disse områdene virkelig fantes?'
'Ja, akkurat.'
Høvding Eskol så seg rundt.
'Er det noe i veien?' spurte Thoric.
'Hvor er Niels?'
'Han spiser, tror jeg.'
'Javel. Det var faren til Niels som fortalte meg om dette stedet.'

'Faren til Niels?'

'Ja.'

Thoric ble veldig overrasket. Var faren til Niels den mystiske mannen? Faren hans var jo død. Thoric forsto det ikke. 'Jeg trodde faren hans døde i løpet av en **tidligere** ekspedisjon. Og det var en ekspedisjon som gikk østover,' sa han. 'Han døde av et fall på fjellet.'

'Nei. Det var en løgn. Jeg sendte dem vestover. Det var en hemmelig ekspedisjon. Ingen visste noe.'

'Sendte du ham til dette landet? Alene?'

'Nei. Jeg sendte ham vestover sammen med 13 andre menn. To av dem døde underveis. Åtte menn døde her. Faren til Niels og to andre menn klarte å komme seg tilbake. De døde da de kom frem eller kort tid etterpå. De døde av **utmattelse**. Vi hadde ikke mulighet til å redde dem. Like før faren til Niels døde, fortalte han meg om dette landet. Han ga meg dette i tillegg.'

Eskol kastet stoffet med tegningene på bordet. Det var en slags skrift. Thoric hadde aldri sett noe lignende. Thoric så bort på høvdingen. Jo, kanskje hadde høvding Eskol bevis nå. Men hva med den gangen?

'Hvordan visste du?' spurte Thoric. 'Hvorfor sendte du disse mennene vestover? Du trodde det ikke var annet enn hav.'

'Jeg **følte det på meg**.'

'Du følte det på deg? Faren til Niels døde fordi du følte det på deg? Fordi du **tok sjansen**?' Thoric så på Eskol. 'Hvis Niels finner ut av det, vil han aldri **tilgi** deg.'

Høvding Eskol tok Thoric i armen. 'Du må ikke fortelle det til Niels. Niels er den beste oppdageren vi har. Han er nesten like flink som faren sin. Han må ikke **forstyrres** nå. Vi trenger ham.'

Thoric nikket. 'Forstått.'

'Gå tilbake til mennene nå,' sa høvdingen. Ikke snakk mer om dette.'

En kort stund etterpå, tok mennene opp **våpnene** sine. De gikk tvers over stranden og inn i skogen. De var klare til handling. Niels ledet gruppen. Det var allerede veldig varmt. De gikk i timevis. Plutselig, nedenfor en ås, så de noe. Det var et lite **samfunn**. Man kunne til og med kalle det en landsby. Niels vinket med hånden. Ekspedisjonen stoppet med en gang.

Niels, Eskol og Thoric så nærmere på den. Byen så merkelig ut for dem. Husene virket merkelige. Menn, kvinner og barn hadde en mørkere farge. De hadde på seg merkelige klær. De snakket et veldig merkelig **språk**. Mennene visste ikke hva de skulle tenke.

Høvding Eskol var den første som gikk mot landsbyen. Resten av mennene fulgte etter. Til å begynne med, ble mange skremt. Noen flyktet inn i husene sine. Høvding Eskol **beveget seg rolig**. 'Vi skal ikke **skade** dere!' sa han med lav stemme. Eskol sa ordene flere ganger. Han laget rolige bevegelser hver gang.

Etter en stund trådde byens sjef opp foran Eskol. Han tilbød Eskol noe å drikke. Eskol så på drikken. Da sa landsbyhøvdingen 'vann' på vikingspråket. Eskol så **forbauset** på ham. Mannen kunne språket deres!

Høvding Eskol snakket med landsbysjefen i flere timer. Sjefen forklarte mange ting. Han hadde lært vikingspråket av mennene som kom med den første ekspedisjonen. Han hadde snakket med dem!

Så forklarte landsbysjefen hva som hadde skjedd med mennene. Lokal**befolkningen** hadde ikke drept dem. De hadde forsøkt å hjelpe dem. Mennene hadde ikke villet ta imot hjelpen. Noen ble drept av ville dyr. Noen døde av å ha spist feil mat. Noen døde av **sykdom**.

Etter å ha snakket med landsbysjefen, samlet høvding Eskol mennene sine. Han fortalte dem:

'Mine herrer, jeg har fått vite mye. Det aller viktigste er at det har vært vikinger her tidligere. De hørte ikke på det lokal befolkningen sa. Og derfor døde de.' Han så seg rundt på mennene sine. Han var veldig alvorlig.

Eskol fortsatte, 'Han fortalte meg at noen av vikingene reiste av gårde. De forsøkte å dra tilbake til hjemlandet sitt.' Han tok en pause. 'Jeg har møtt disse mennene,' fortsatte han. 'De fortalte meg om dette landet. De er også døde. De døde av utmattelse etter turen.'

Mennene så på hverandre. Så det var sånn Eskol hadde fått høre at det fantes land i vest.

Eskol var ikke ferdig. Han ble veldig stille. Så sa han, 'Vi må ta en avgjørelse. Vi vet ikke hvor vi er. Stormen satt oss for mye ut av kurs.' Vikingene var stille i flere minutter.

Da fortsatte høvding Eskol å snakke, 'Vi må bestemme oss nå. Skal vi bli her? Skal vi lære oss å leve i dette samfunnet? Hvis vi gjør det, vil folket herfra

hjelpe oss. De vil sørge for mat. De vil lære oss opp.'
Han så rundt seg på mennene. 'Eller er målet vårt å
komme oss hjem og risikere utmattelse og død?'

Høvding Eskol så på menneskene fra landsbyen.
'Det er gode mennesker,' begynte han. 'De kjenner
landet. De dyrker det. De går på jakt. De har bedt oss
om å bli. For meg er valget enkelt. Jeg blir.'
Mennene så på høvding Eskol. En av dem ropte ut,
'Så vi skal bare forlate familiene våre? Skal vi aldri se
vennene våre igjen? Det kan vi ikke gjøre!'
En annen mann skrek, 'Se på skipene våre! De har
blitt alvorlig **skadet** av stormen! Vi kommer oss ikke
trygt hjem, ikke med skip i den tilstanden! Jeg stemmer
for å bli.'
Høvding Eskol så på mennene sine. 'Dere kan begge
ha rett. Derfor skal hver og en av oss ta sitt eget valg.
Hvis man vil dra, står man fritt til det. Jeg kommer
ikke til å tvinge noen til å bli. Hvis man velger å bli,
er man velkommen. Men fra og med nå, er jeg ikke
høvdingen deres lengre. Jeg er bare en mann.'

I løpet av de neste dagene dannet det seg to grupper.
Den første gruppen planla å bli i det nye landet. De ville
opprette et nytt vikingsamfunn. Den andre gruppen
ville ta i bruk de skipene som var minst skadet. De ville
prøve å dra hjem.

En måned senere dro den andre gruppen av gårde.
Idet de seilte av gårde, sa Eskol: 'Ting gikk ikke som
planlagt.'

'Nei, de gjorde ikke det,' svarte Niels mens han så på sin tidligere leder. 'Du ville hjelpe byen vår. Ting utviklet seg ikke som forventet. Men dette er et bra sted. Vi kan bo her.'

'Ja,' sa Thoric. 'Det er spennende. Det er fint å være på et nytt sted med nye ting.'

'Og vi kan fortsette å utforske,' sa Niels. 'Vi kommer til å møte nye og spennende utfordringer. Ta det med ro. Vi kommer til å få det fint.' Så smilte han og sa, 'Høvding.'

Mennene lo. De var klare for sin neste ekspedisjon — å utforske en ny verden. En verden som senere skulle få navnet Nord-Amerika.

Kapittel 3 Gjennomgang

Sammendrag

Thoric spør høvding Eskol om hvordan han fikk vite om det nye landet. Eskol forklarer at han sendte en ekspedisjon vestover for mange år siden. Bare to menn kom tilbake. De døde av utmattelse. Etterpå utforsker høvding Eskol og mennene det nye landet. De finner en liten landsby. Den lokale sjefen snakker vikingspråket. Han forklarer at landsbybeboerne forsøkte å hjelpe vikingene. Mennene hørte ikke på dem og døde. Eskol bestemmer at hver enkelt mann selv må velge hva han vil gjøre. Noen menn forsøker å ta den vanskelige turen hjem. Eskol, Niels og Thoric bestemmer seg for å bli. De vil utforske det nye landet. Dette landområdet ble senere kjent som Nord-Amerika.

Ordliste

tvil doubt

tidligere former; previous

utmattelse exhaustion

føle det på seg to have a feeling

ta sjansen to take a risk

tilgi to forgive

forstyrre to distract

våpen weapon

samfunn society

språk language

bevege seg to move; stir; move about

rolig calmly

skade to harm; damage; hurt

forbauset astonished

(lokal)befolkning (the local) population; locals
sykdom disease
skadet damaged
opprette to establish

Forståelsesspørsmål

Velg bare ett svar på hvert spørsmål.

11) Hvem fortalte Høvding Eskol om landene i Vest?
   a. Eskols far
   b. Thorics far
   c. Niels sin far
   d. landsbysjefen

12) Mens de utforsker, møter vikingene ___.
   a. vikingdyr
   b. en annen gruppe vikinger
   c. en gruppe lokale mennesker
   d. en gård

13) Vikingene deler seg opp i to grupper fordi ___.
   a. de er sultne
   b. de må slåss
   c. de vil gjøre forskjellige ting
   d. kursen forandret seg

14) Høvding Eskol bestemmer seg for å ___.
   a. dra tilbake til den lokale landsbyen
   b. fortsette å utforske nye land
   c. bli i det nye landet
   d. slåss mot lokalbefolkningen

15) Nå heter landområdet i historien ___.
    a. Norge
    b. Nord-Amerika
    c. Storbritannia
    d. Sør-Amerika

Lise, den usynlige kvinnen

Kapittel 1 – Hendelsen

Lise er en vanlig kvinne. Hun er en kvinne av vanlig høyde. Hun er av vanlig vekt. Hun har en vanlig jobb med vanlig inntekt. Hun bor i et mellomstort hus. Hun kjører en mellomstor bil. Hun har til og med en mellomstor hund! Lise har et helt vanlig liv.

Lise har også et enkelt liv – et liv uten store **hendelser**. Hun har universitetsutdannelse. Hun bor i Bergen. Hun er **administrasjonsassistent** for en salgs**avdeling**. Hun drar ofte veldig sent fra jobb. Hun snakker aldri stygt om firmaet hun jobber for. Hun er en ideell medarbeider og veldig dyktig i jobben.

Lise elsker det stedet der hun bor. I helgene liker hun å tilbringe tid med venner og familie. De drar ofte på treningsstudio, kino eller til og med på teater**forestillinger**. I forrige uke så hun og ektemannen hennes en flott filmserie. Men av og til vil Lise ta det **rolig** en stund. Det er derfor hun drar ut av byen noen helger.

I dag kjører Lise ut på landet med vennene sine Per og Ellen. Vennene planlegger å **grille**.

Lise stopper bilen på en rasteplass utenfor Bergen.

Det er et vakkert sted med mange trær. Ellen ser seg rundt. 'Dette er et flott sted å grille!'

'Jeg er enig' sier Per. 'Har vi nok mat?'

'Selvsagt,' svarer Lise. 'Jeg vet hvor glad du er i å spise!' Alle sammen ler. Og så tilføyer Lise: 'La oss begynne **matlagingen**!'

Lise, Per og Ellen tar maten ut av bilen. De setter på noe musikk og gjør i stand til grillingen. Lise finner litt ved og setter i gang grillen. Hun venter på at den skal bli varm nok. Mens hun venter, sjekker Lise meldingene sine.

'Å nei!' sier Lise. Hun har fått en melding fra **sjefen** på jobben. Hun har glemt å levere noe til produksjonsavdelingen. De trenger det akkurat nå! Lise har nettopp søkt på en ny jobb i produksjonsavdelingen. Hun har intervju på mandag. Hun må fikse dette med en gang!

Lise ser på vennene sine. Hun tar opp **mobilen** sin. 'Hei folkens,' sier hun. 'Jeg er straks tilbake. Jeg må ta en jobbsamtale.'

'Å, kom igjen Lise,' sier Per. 'Du jobber hele tiden...'

'Per har rett, Lise,' legger Ellen til.

'Jeg vet... Jeg vet...' sier Lise. 'Men jeg fikk en melding fra sjefen. Og hun er ikke fornøyd.'

Lise går bort til noen trær i nærheten. Det er kveld og det begynner å bli mørkt. Trærne er veldig høye. Hun kan nesten ikke se noe.

Lise ringer kontoret. Hun snakker med en annen assistent. Assistenten ber henne vente på sjefen.

Lise ser seg omkring mens hun venter og plutselig legger hun merke til noe. Det er et **merkelig** lys **blant** trærne! Lise legger bort mobilen sin. Hun går mot lyset.

Lyset kommer fra en vakker **metallball**. Lise har aldri sett noe lignende! Ballen er dekket av mønster. Hun strekker ut hånden for å ta på den. Metallet er kaldt. Det er faktisk ganske behagelig.

Lise plukker opp ballen. Og like plutselig som det gikk på, går lyset av. Ballen føles veldig rar i hånden hennes. Den er nesten for kald. Lise liker ikke følelsen. Hun slipper ballen. Så går hun tilbake til grillen.

Lise nærmer seg vennene sine. De snakker om henne. 'Lise burde slå av mobilen i helgene,' sier Per.

'Jeg er enig,' legger Ellen til. 'Det er ikke bra å jobbe så mye. Både kropp og sinn trenger ro. Hun må **slappe av** nå og da.'

Lise går helt bort til dem. 'Snakker dere om meg?' ler hun. 'OK! OK! Nå er jeg klar til å slappe av!'

Per og Ellen sier ingenting. Per sjekker et problem med grillplassen. Lises venner **ignorerer** henne fullstendig. De ser ikke på henne engang.

'Hvorfor ser dere ikke på meg?' spør Lise. Hun **vinker** til Per. Hun stiller seg overfor Ellen. Deretter tester hun dem på ordentlig. Hun danser rundt omkring og vifter med armene. Ellen ser seg rundt, men de ignorerer henne fremdeles. Det er som om Lise ikke er tilstede!

Per og Ellen fortsetter å snakke om Lise. 'Jeg lurer på hvor hun er blitt av?' spør Per. 'Hun har vært på telefonen lenge. Jeg begynner å bli **engstelig**.'
'Du vet hvordan hun er,' sier Ellen. 'Hun gjennomgår vel finansiering eller kontrakter eller noe. Hun kommer nok snart tilbake.'

Da innser Lise noe. Vennene hennes kan ikke se henne! Hvor utrolig det enn er virker det som om hun er **usynlig**! Det er som å være med i en slags TV-serie!
'Jøss!' tenker Lise. 'Jeg kan ikke tro det!' Og så tenker hun, 'Men hvorfor?' Plutselig husker Lise den merkelige gjenstanden i skogen. 'Er det på grunn av lyset?' tenker hun. 'Er jeg usynlig fordi jeg tok på det?' Hun er ikke sikker.
Lise vet ikke hva hun skal gjøre. Til slutt bestemmer hun seg. 'Jeg vet ikke hvor lenge dette vil vare...' sier hun. 'Jeg er usynlig! Det må jeg ha det gøy med!'
Lise ser på vennene sine. Per tar maten av grillen. Ellen setter kalde drikkevarer på bordet. Lise hører på samtalen deres.

'Joda, Per,' sier Ellen. 'Lise jobber mye, men det er normalt. Og, du vet, dette er den store sjansen hennes. Hun blir kanskje sjef en dag!'
'Jo, men hun tjener ikke nok,' bemerker Per.
'Det er sant,' sier Ellen seg enig i. 'Men lønnen hennes blir bedre. Hun får nok det hun er verdt.

Det begynner å gå opp for dem at hun er den beste medarbeideren de har. Hvem vet hva hun kan få til?'

'Ja, hvem vet? Men jeg skulle bare ønske hun kunne slappe av litt mer.'

'Joda. Jeg også,' sier Ellen mens hun fortsetter med matlagingen.

Lise er overrasket. Hun visste ikke at vennene hennes hadde så stor respekt for henne. Alt det de sier om henne er så hyggelig! Hun smiler fornøyd.

Plutselig forandrer Per **tonefall**. 'Men alvorlig talt,' sier han. 'Hvor er Lise?'

'Jeg aner ikke,' svarer Ellen. 'La oss gå og se etter henne.'

Lises venner slår av musikken. De går bort til skogen. De går rett mot den merkelige gjenstanden! Den ligger på bakken. Per ser den først. 'Se her Ellen. Hva er dette for noe?' Han bøyer seg ned og plukker den opp. Han begynner å undersøke den.

Ellen ser på ham med et merkelig uttrykk. 'Jeg vet ikke, men jeg ville ikke tatt på den!'

Per ser **forbauset** opp på henne. 'Det har du rett i!' Han kaster ballen inn i skogen. Begge to fortsetter å lete etter Lise.

Etter en stund går Per og Ellen tilbake til grillstedet. Begge stopper forbauset opp. Lises bil er borte! Per ser på Ellen. 'Hva er det som skjer her? Er dette en slags spøk?' spør han.

'Jeg har ikke peiling,' svarer Ellen, 'ikke peiling i det hele tatt.'

I **mellomtiden**, er Lise på vei tilbake til Bergen. Hun har lyst til å nyte effekten av usynligheten sin. Den beste måten å gjøre det på er ved å **gå ute** blant folk! Mens hun kjører tar vennene hennes en viktig telefon til politiet!

Kapittel 1 Gjennomgang

Sammendrag

Lise er en vanlig kvinne. Hun er administrasjonsassistent i Bergen. En dag drar Lise og vennene hennes ut på landet. De har lyst til å grille. Mens de griller finner Lise en merkelig gjenstand. Hun tar på den og blir usynlig. Ingen kan hverken se eller finne henne. Lise drar tilbake til Bergen. Hun vil ha det gøy med å være usynlig. Vennene hennes blir engstelige. De ringer politiet.

Ordliste

hendelse incident, event

administrasjonsassistent administrative assistant

(salgs)avdeling (sales) department

rolig quiet; calm

(teater)forestilling (theatre) performance

rolig calm; easy

grille to barbecue; grill

matlaging cooking

sjef director, chief

mobil mobile (phone), *(Am. English)* cell (phone)

merkelig unusual; strange

blant among

metallball metal ball

slappe av to relax

ignorere to ignore

vinke to wave

engstelig worried; concerned; anxious

usynlig invisible

tonefall tone

forbauset astonished

i mellomtiden meanwhile

gå ut to go out

Forståelsesspørsmål

Velg bare et svar på hvert spørsmål.

1) Lise jobber som ___.
   a. administasjonsassistent
   b. kokk
   c. sjåfør
   d. ekspeditrise

2) Lise er ___.
   a. en veldig ung pike
   b. en kvinne av vanlig høyde
   c. en eldre kvinne
   d. ikke bra beskrevet i historien

3) Lises beste venner heter ___.
   a. Ole og Lise
   b. Jon og Sara
   c. Per and Ellen
   d. Jan og Siv

4) Lises venner synes hun ___.
   a. skulle se etter en ny jobb
   b. ikke jobber nok
   c. jobber for mye
   d. kunne være en bedre medarbeider

5) Lise bestemmer seg for å ___.
   a. dra til Bergen etter hjelp
   b. ringe til vennene sine
   c. ha glede av sine nye evner
   d. høre på mennesker hun ikke kjenner

Kapittel 2 – Løgnen

Lise kommer frem til Bergen. Hun parkerer i nærheten av Olav Kyrres gate. Hun går gjennom byen. Det er ingen som ser henne. Hun kan ikke tro det. Hun ler stille for seg selv. 'Dette er helt fantastisk!'

Lise lurer på hva hun kan gjøre. Hun lager en liste over alt det som kunne vært gøy i tankene. Hun begynner å le. For første gang i livet er hun ikke vanlig!

Lise fortsetter turen sin ned Olav Kyrres gate. Det er mange små butikker der. Det er mange kunder og butikkansatte ute i kveld.

Lise går inn i en butikk. Selv om man ikke kan se eller høre henne, er det noen som kan føle henne. Hun må være **forsiktig**. Hun plukker opp noen sko og en kjole. Hun ser på dem, men legger dem tilbake. Hun liker å være usynlig, men hun vil ikke **stjele**.

Det neste Lise gjør er å gå til en populær restaurant. Det er lang kø for å komme inn. Hun går lett forbi. Hun går rett inn. 'Dette er gøy!' tenker hun. Hun nyter virkelig å være Den usynlige kvinnen.

Hun blir på restauranten en stund. Så får Lise en idé. Hun kan gå på kontoret! Prosjektlederen hennes jobber i dag. Det vil være morsomt å se hva hun gjør for noe. Særlig hvis hun ikke vet at Lise er tilstede.

Lise løper i full fart til kontoret. Hun går inn i bygningen. Hun ser på sikkerhetsdisplayet. Dataskjermene er blanke. Sikkerhets**kameraene** registrerer henne ikke. Hun er trygg! Lise venter ett minutt. En annen administrasjonsassistent kommer inn i bygningen. Han skal til det samme kontoret. Hun følger ham inn i **heisen**. Hun er snart i sjuende etasje. Det er på tide å se etter prosjektlederen!

Lises leder, Kristina Larsen er på hovedkontoret. Hun snakker med flere andre prosjektledere. 'Medarbeiderne våre jobber veldig hardt,' sier hun. 'Vi tilbyr **bonus** til noen av de ansatte. Enkelte får til og med **aksjer**. Men de fleste medarbeiderne får bare en prosent av **fortjenesten**. Nå om dagen er ikke det nok. Vi må forandre systemet. Vi må fortsette å bygge opp firmaet vårt. Medarbeiderne våre må tjene mer penger.'

Lise kan ikke tro det. 'Kristina Larsen slåss for medarbeiderne sine!' tenker hun. 'Jeg hadde aldri trodd det skulle skje!'

'For eksempel,' fortsetter Larsen. 'Jeg har en medarbeider. Hun heter Lise. Hun har jobbet her i fem år. Hun legger ned mange timer på jobben. Hun har aldri spurt om **lønnsøkning**. Hun er en flink medarbeider. Men jeg kan ikke gi Lise mer penger nå. Hvorfor det? Fordi firmafortjenesten er for lav i dette **kvartalet**. Vi trenger pengene for å holde firmaet åpent. Vi kan ikke fortsette slik!'

'Jøss!' sier Lise til seg selv. 'Prosjektlederen min sier at jeg er en god medarbeider! Foran alle sammen! Det kommer helt sikkert til å hjelpe karrieren min!' Og så tenker hun, 'Men det er synd med firmafortjenesten likevel. Men hvordan kan det ha seg? Anton jobber på det store **teknologi**-prosjektet. Jeg antar det vil hjelpe på fortjenesten.'

Lise vil vite hva som skjer. Og dette er det perfekte tidspunktet for å undersøke. Hun er jo usynlig, tross alt. Hun har adgang til alt!

Lise går inn på Antons kontor. Anton er dataprogrammeringsleder. 'Jeg skal ikke stjele idéene hans,' tenker hun. 'Jeg vil bare vite hvorfor firmaet taper penger.'

Anton har gjort det veldig bra. Han begynte som salgspartner. Han møtte alltid salgsmålene sine. Så ble han med i ledelsen. Nå jobber han på et stort prosjekt. Tilsynelatende står det mye penger på spill. Man burde løse firmaets pengeproblemer snart.

Lise bestemmer seg for å lete i Antons mapper. Hun hører fremdeles sjefen sin utenfor. 'Anton, si meg,' begynner Larsen. 'Jeg vet du jobber på det store teknologiprosjektet, det som er basert på det datanettverksprogrammet vi jobbet sammen på. Det prosjektet har stort **potensial**, har det ikke det? Vi kunne faktisk blitt rike av det, ikke sant?'

'Det er veldig leit, Larsen,' begynner Anton å si, 'men det er ikke gjennomførbart. Prosjektet koster for mye. Det er en enorm **investering**. Og nettverksprogrammering er veldig **avansert**. Vi har rett og slett ikke teknologien.'

Mens hun hører på, finner Lise prosjektmappen. Anton har gjort mye forskning. Hun ser det på dokumentene hans. Men Anton tar tydeligvis feil. Ifølge opplysningene og dokumentene har prosjektet stort potensial akkurat nå. Teknologien er ikke så avansert. Hun ser på papirene igjen. Anton lyver. Prosjektet er veldig lønnsomt.

'Hvorfor vil ikke Anton gjennomføre prosjektet?' tenker hun. 'Det er et veldig godt prosjekt! Hvorfor lyver han?' Da ser hun noe. Det er en annen mappe. Inne i den er det et brev. Det er skrevet på brevpapiret til en **konkurrent**!

Lise leser brevet raskt. Anton har solgt idéen til konkurrenten. Han planlegger å si opp jobben for å jobbe for konkurrenten! 'Hvordan kan han gjøre det?' tenker hun. 'Hvis vi ikke gjør dette prosjektet, får ikke jeg lønnsøkning!'

Lise bestemmer seg for at det er på tide å gjøre noe med Anton! Hun tar både Antons brev fra konkurrenten og prosjektmappen. Hun legger dem begge på Kristina Larsens skrivebord. 'Der,' sier hun. 'Sjefen min får en fin overraskelse i morgen tidlig. Anton også — forhåpentligvis blir det politiet!'

Lise lar styremedlemmene fortsette møtet sitt. Det begynner å bli sent. Hun bestemmer seg for å dra hjem for å se mannen sin. De har kranglet mye i det siste. De hadde faktisk en stor krangel om jobben i dag. Det blir interessant å se mannen mens hun er usynlig. Kanskje hun får vite noe!

Lise kjører hjem. Hun går forsiktig inn i huset. Da hun er kommet inn, hører hun at mannen gråter. 'Hva er det som er galt?' spør hun seg selv. Så hører hun ham snakke.

'Er politiet sikre?' sier han sørgmodig.

Mannen hennes, Jan, er på telefonen. Han snakker med politiet! Da går det opp for Lise. **Teoretisk sett** har hun vært savnet i flere timer. Jan er antageligvis veldig engstelig.

Jan legger ned telefonen. Han gråter enda mer. Lise blir klar over noe annet. Jan er veldig glad i henne. Hun ser på ham. Hun kan se at han har det vondt. Lise tar en avgjørelse der og da. Til tross for problemene de har, vil hun ordne opp i forholdet deres!

Lise har lyst til å nå ut og røre ved ham. Så husker hun det — hun er usynlig. Han blir skremt. For første gang **vurderer** Lise hele situasjonen. Å være usynlig er som oftest gøy. Det har sine fordeler, men hun vil ikke være det for evig!

Hvordan kan Lise bli synlig igjen? Plutselig får hun en idé. 'Selvsagt! Metallballen!' tenker hun. Hun må ta på den igjen. Kanskje den kan gjøre henne synlig igjen. Hun må dra tilbake til skogen!

Lise kommer seg inn i bilen. Hun kjører gjennom Bergens gater. Det er sent. Det er ikke mange biler ute.

Allikevel kjører Lise gjennom rolige strøk. Det ville vært vanskelig å forklare en usynlig kvinne i en synlig bil.

Endelig ankommer Lise rasteplassen i skogen. Ellen og Per er der fremdeles. Det er også flere andre mennesker der, til og med politiet! 'Hva skjer?' tenker hun.

Kapittel 2 Gjennomgang

Sammendrag

Lise er fremdeles usynlig. Hun drar til kontoret sitt i Bergen. Hun hører på et møte om lave fortjenester. En medarbeider som heter Anton mener at et stort prosjekt ikke er mulig å gjennomføre. Lise undersøker Antons mapper. Han lyver. Han har solgt prosjektidéen. Lise gir mappene hans til prosjektlederen sin. Det neste Lise gjør, er å undersøke hvordan mannen har det. Han er veldig engstelig. Hun blir klar over at han er glad i henne. Hun må ta på metallballen. Den kan kanskje gjøre henne synlig igjen. Hun kjører til rasteplassen. Der skjer det noe merkelig.

Ordliste

forsiktig careful

stjele to steal

kamera camera

heis lift, (*Am. English*) elevator

bonus bonus

aksjer stock

fortjeneste profit

lønnsøkning raise

kvartal quarter

teknologi technology

potensial potential

investering investment

avansert advanced

konkurrent competitor

teoretisk sett according to usual practice, theoretically speaking

vurdere to consider

Forståelsesspørsmål

Velg bare et svar på hvert spørsmål.

6) I Bergen, går Lise først ___.
   a. ned Olav Kyrres gate
   b. til en park i Bergen
   c. til en butikk i Bergen
   d. på tur utenfor Bergen

7) Usynlige Lise bestemmer seg da for å dra ___.
   a. hjem
   b. til kontoret
   c. til en liten by
   d. til en butikk

8) Anton, en sjef på Lises jobb, ___.
   a. vil kjøpe firmaet
   b. vil ha følge med Lise
   c. lyver om et prosjekt
   d. syntes medarbeiderne trenger mer penger

9) Hva bestemte Lise angående mannen sin?
   a. Hun er ikke glad i ham.
   b. Han er ikke glad i henne.
   c. Hun vil forbedre forholdet deres.
   d. Hun vil forlate ham.

10) Lise mener hun kan bli synlig ved å ___.
    a. ta på metallballen igjen
    b. ødelegge metallballen
    c. fjerne metallballen og få den langt unna
    d. snakke til Anton

Kapittel 3 – Gjenstanden

Lise er tilbake ved rasteplassen. Det er en hel **flokk** mennesker der. Politiet er der også. 'Hva gjør alle disse menneskene her?' tenker Lise. Plutselig blir hun klar over det. Det er på grunn av henne at de er der!

Ellen og Per er også en del av flokken. De snakker sammen ved et bord. Lise går bort til dem. Mens Lise går dit, ser hun seg omkring. Alle sammen er der — vennene hennes, familien hennes, politiet, og **frivillige** fra Bergen. Til og med Jan kommer kjørende!

'Tenk på det, Ellen,' sier Per. 'Hvor kan Lise være? Jeg mener, vi var jo der!'

'Jeg har ikke peiling,' svarer Ellen. 'Hun kommer sikkert tilbake. Det er bare så merkelig...'

'Jo. Et øyeblikk snakker hun på mobilen og i det neste er hun vekk!'

'Jeg vet det,' sier Ellen. 'Jeg er veldig engstelig.'

Lise hører på. Hun har dårlig samvittighet. Hun mente aldri å **såre** noen, hverken familien eller mannen sin. Hun vil ikke at de skal kaste bort tiden sin. Hun vil bare komme seg tilbake til den metallballen. Hun har fått nok av å være usynlig!

Hun hører Per snakke igjen. 'Du, Ellen. Husker du den metallballen? Borte ved skogen?'

'Ja?'

'Vel, jeg har en teori.'

Ellen ser på ham. 'En teori?'

'Jo,' fortsetter Per. 'Hva om den har noe med det å gjøre? Hva om den gjorde noe med Lise?'

Ellen fortsetter å se på Per. Hun virker **forvirret**. Lise, derimot, er ikke forvirret. Hun er bekymret. Hun vil ikke at vennene hennes skal vite noe. Hun vil bare ta på ballen og bli synlig igjen. Hun vil ikke forklare!

Per ser nærmere på Ellen. 'Kanskje det er noe spesielt med den ballen? Kanskje Lise ble syk av den? Eller kanskje den til og med tok henne med seg et annet sted! Man vet aldri...'

Ellen **rister** på hodet. 'Du og dine teorier, Per...' Så stopper hun opp. Det finnes ingen annen forklaring. Kanskje...

'Bare tenk på det. Lise **forsvant** i nærheten av den,' legger Per til. De ser på hverandre. Da sier Per, 'Kom igjen! La oss gå å se.'

Endelig er Ellen enig. 'Javel. La oss gå.'

De to vennene begynner å gå mot trærne. 'Å nei!' tenker Lise. 'Hva om de tar ballen? Eller gir den til politiet?' Lise løper forbi vennene sine. Hun må finne den ballen først!

Lise kommer først frem til trærne. Metallballen er borte! 'Hvor er den?' tenker hun. 'Den må være her et sted! Den kan ikke ha fløyet av gårde!' Hun fortsetter letingen.

Per og Ellen nærmer seg. 'Den må være et sted i nærheten. Jeg kastet den bort dit,' sier Per og peker mot noen trær.

'Der har vi det!' tenker Lise. 'Noen har flyttet på den! Hva om de mistet den? Jeg trenger den ballen!' Lise løper i den retningen Per peker. Per og Ellen går også bort dit. Plutselig reiser Per seg. Han har metallgjenstanden i hånden!

Lise ser nøye på gjenstanden. Det er ikke noe lys der i det hele tatt nå. Hun vet ikke hva det betyr. Hun må bare finne en måte å ta på den. Hun vet at den kommer til å gjøre henne synlig.

'Hei Ellen! Jeg fant den!' roper Per.
Ellen løper bort. 'Oi! Hva er det for noe?' spør hun.
'Jeg har ikke peiling,' svarer Per. 'Den er rund og den er laget av metall. Men jeg vet ikke hva den gjør.'
'Tror du virkelig den gjorde noe med Lise?'
'Jeg tviler på det. Det gir bare ikke mening. Det er bare en metallball. Det var tross alt bare en teori.' Per kaster ballen inn i trærne. Lise følger nøye med på den.
'Kom igjen,' sier Ellen mens de går sin vei. 'La oss sjekke med politiet nå. Kanskje vi burde ringe sykehusene eller...'

Lise venter til Per og Ellen er dratt. Hun vil ta på ballen. Men hun vil ikke **skade** vennene sine. Hvis hun plutselig **kommer til syne**, blir de kanskje vettskremte!

Endelig er Per og Ellen gått. Lise går bort til trærne. Hun plukker opp metallballen og tar på den. Til å begynne med, føler hun ingenting. Så begynner den merkelige gjenstanden å **lyse**. Lise begynner å skjelve. Gjenstanden er helt opplyst igjen. 'Endelig skjer det noe!' tenker hun.

Plutselig stopper skjelvingen. Metallballen lyser fremdeles. 'Var det alt? Virket det?' lurer Lise på. Hun får svaret sitt ganske raskt. 'Lise! Lise!' hører hun. 'Er det deg?' Det er Ellen og Per. De kan se henne! Hun er blitt synlig!

Vennene hennes løper mot henne. Hun har fremdeles lyset i hånden. 'Å nei!' tenker hun. Hun slipper raskt taket på ballen. Den **beveger seg** sakte inn mellom trærne. Snart kan hun ikke se den mer.

'Lise, hvor har du vært?' roper Per. Lise snur seg. Så legger Ellen til, 'Og hva var det lyset? Det var så sterkt! Det er sånn vi fant deg!'

Lise vet ikke hva hun skal si. Det ville blitt vanskelig å fortelle **sannheten**. Ingen kommer til å tro på henne. En usynlig kvinne? Jasså du!

Plutselig hører Lise en annen stemme i flokken. Det er Jan! Han løper bort til Lise. Han gir henne en stor **klem** og et **kyss**. Han ser henne inn i øynene og sier, 'Hvor var du? Jeg har vært så engstelig'

Lise er målløs. 'Jeg var i... i... i ...'

Flere stemmer begynner å rope. Det er sjefen hennes og flere andre fra kontoret. Lise kan ikke tro at hun får så mye **støtte**. Det er så mange mennesker her for å hjelpe henne!

Alle sammen står rundt Lise. Alle begynner å snakke samtidig. 'Vi var så engstelige!' gjentar Jan.

'Hvor gikk du hen?' sier Per.

'Du aner ikke hva som har skjedd på kontoret!' sier Kristina Larsen.

Lise løfter opp armene. 'Vær så snill... Vær så snill... gi meg litt tid.' Folk blir stille. Lise ser seg rundt. 'Først og fremst må jeg få lov til å takke dere. Tusen takk for all hjelpen. Jeg setter stor pris på all støtten.' Og så fortsetter hun, 'Jeg er sikker på at dere lurer på hvor jeg var. Vel, sannheten er...' Lise stopper opp. Burde hun virkelig fortelle sannheten? Kommer de til å tro på henne? Kommer de til å tro hun har blitt **sprø**?

Lise begynner på nytt. 'Sannheten er at... jeg **gikk meg vill**,' opplyser hun. 'Jeg snakket på mobilen,' fortsetter Lise. 'Jeg så ikke etter hvor jeg gikk. Plutselig kunne jeg ikke finne veien tilbake.' Hun smiler og sier, 'Igjen, mange takk og god natt.'

Lise og Jan går bort til bilen hennes. Det er på tide å dra hjem. De går forbi Per og Ellen.

'Men hva med bilen din?' roper ut. 'Den forsvant! Vi så det!'

'Og hva med det lyset?' spør Ellen. 'Hva var det? Og vet du hva, vi så noe der borte. Det var en metallball og...'

Lise fortsetter å gå. Hun blir kanskje nødt til å forklare ting senere, men ikke nå. Erfaringen med å være usynlig har vært fantastisk! Hun har fått vite at hun har snille venner, en god sjef og en fabelaktig mann. Hun fikk også vite noe annet; det er flott å ha et helt vanlig liv!

Kapittel 3 Gjennomgang

Sammendrag

Lise drar tilbake til rasteplassen. Mange mennesker leter etter henne. Per og Ellen tror den merkelige ballen gjorde noe med Lise. De finner ballen, men endrer mening. Lise finner den og tar på den. Hun blir synlig igjen. Alle er glade for å se henne. De har mange spørsmål. Lise skal svare dem senere. Først vil hun nyte sitt vanlige liv igjen.

Ordliste

flokk crowd

frivillig volunteer

å såre to hurt; offend

forvirret confused

riste to shake

forsvinne to disappear

skade to harm; damage; hurt

komme til syne to appear

lyse to light up

bevege seg to move; stir; move about

sannhet truth

klem hug

kyss kiss

støtte support

sprø crazy; silly; stupid

gå seg vill to get lost

Forståelsesspørsmål

Velg bare et svar på hvert spørsmål.

11) Hvem er det Lise hører først?
   a. sjefen og mannen sin
   b. sjefen og Per
   c. mannen sin og Ellen
   d. Per og Ellen

12) Først vil vennene hennes ___.
   a. gå hjem
   b. finne den merkelige gjenstanden
   c. ringe politiet
   d. ringe Jan

13) Lise vil ___.
   a. kaste ballen unna
   b. finne ballen før vennene sine
   c. gjemme seg i skogen
   d. høre på det politiet sier

14) Lise tar på gjenstanden igjen og ___.
   a. skjelver og blir synlig igjen
   b. fortsetter å være usynlig
   c. blir redd
   b. ingenting skjer

15) Da hun snakker med familie og venner, bestemmer Lise seg for å ___.

a. fortelle sannheten

b. fortelle sannheten i morgen

c. ikke fortelle sannheten

d. ikke ta hensyn til noen

Kapselen

Kapittel 1 – Kapselen

Det hele begynte for flere århundrer siden. Miljøet på jorden var dårlig. Folk trengte plass. De ville ha frihet. Derfor begynte menneskene å flytte til andre **planeter**. De startet **kolonier** på flere verdener, den ene etter den andre.

Til å begynne med var det **fred** og lykke. De forskjellige verdene var ikke adskilt. Det var en gruppe som jobbet sammen. De var avhengige av hverandre.

Så forandret ting seg. **Befolknings**veksten gikk fort. Hver enkelt planet trengte mer mat. De trengte flere **forsyninger**. Hver koloni ville ha mer for seg selv. Det var da bråket begynte.

Det brøt ut krig overalt. Politiske synspunkter og avtaler ble endret. Koloniene kjempet om land, makt og **våpen**. Til slutt var det to hoved**keiserdømmer** igjen: 'jordboerne' og 'kalkianerne.' Og begge keiserdømmene ville ha alt for seg selv.

Regjeringen til jordboerne holdt til på Jorden. Hovedstaten deres var Paris i Frankrike. Politiske embedsmenn møttes i regjeringsbygget. Der diskuterte de saker som angikk lov, økonomi, energi og krig.

Keiseren til jordboerne var en gammel mann som het Valior. Han ble valgt inn i stillingen for mange år siden. Valget var ikke rettferdig, men det tok ikke Valior hensyn til. Han hadde ledet flere kriger. Han hadde bare tapt noen få av dem. Han var en hersker som gjorde hva som helst for å vinne.

En dag snakket Valior med **statsrådene** sine i regjeringsbygningen. 'Vi må stoppe kampene,' skrek han ut. 'Keiserdømmets økonomi tåler ikke flere kriger. Folket vårt sulter. Byene våre trenger veier. Mange jordboere trenger et hjem, lys og mat.'

En mann som het Aldin svarte. Han var den statsråden Valior **hadde** størst **tillit til**. 'Men, min herre,' sa han, 'kalkianerne fortsetter å **angripe** oss. Vi kan ikke bare sitte her. Nasjonen trenger et sterkt forsvar! Vi må beskytte oss selv.'

'Jeg er enig, men det er noe vi kan gjøre. Jeg har gjort noe som...'

Plutselig var det mye bråk utenfor. Døren gikk opp. En sikkerhetsvakt kom inn. Han holdt en kvinne. Hun slåss og skrek, 'Slipp meg! Jeg har nyheter til keiseren! Slipp meg!'

Keiser Valior kastet et blikk mot døren. 'Hva skjer?' skrek han. 'Jeg holder et møte!'

'Unnskyld meg,' sier **vakten**. 'Denne kvinnen vil snakke med deg. Hun sier det er viktig'

'Bra. Kom igjen. Hva er det?'

Kvinnen ble plutselig veldig **nervøs**. Hun hadde aldri snakket til keiseren før. Hun begynte å snakke sakte. 'Deres... Deres... **Deres Majestet**, jeg beklager oppførelsen min. Men jeg har nyheter.'

'Hva slags nyheter?' spurte Keiseren, før han la til, 'Skynd deg! Dette er et viktig møte!'

'Keiser, det har landet en **kapsel** på **gården** min.'

'En hva?'

'En kapsel fra **verdensrommet**. Jeg tror det er en kalkiansk romkapsel.'

'Hvordan vet du at det er en kalkiansk kapsel?'

'Mannen min. Han slåss mot kalkianerne. Han beskrev dem for meg.'

Ministrene og keiseren ble stille. Til slutt svarte Aldin, 'Enda et angrep? Angriper de hovedstaden?'

'Nei, nei...' sa kvinnen. 'Kapselen har ingen våpen. Men det er noe inni den.'

'Inni den?' sa keiseren. Han så seg rundt i rommet. 'Hva kan det være inni den?'

'Jeg vet ikke,' svarte kvinnen. 'Jeg var for nervøs til å se etter.'

Keiseren kalte på vaktene sine. Han ba dem dra til den gården — raskt! Vaktene og kvinnen gikk om bord i et **kjøretøy**. Statsråden Aldin dro sammen med dem.

På veien snakket Aldin med kvinnen. 'Hva heter du?' spurte han.

'Jeg heter Kira.'

'Kira, det er et vakkert navn. Er du **bonde**?'

'Ja, gården er det eneste jeg har.'

'Bor du sammen med mannen din?'

'Mannen min døde under krigen.'

Plutselig følte Aldin seg **ille til mote**. Han skiftet tema. 'Hvordan ser kapselen ut?'

Kira så nærmere på ham. 'Jeg foretrekker at du ser på den selv istedenfor,' sa hun. Så snudde hun seg.

'Javel, da,' sa en **forbauset** Aldin. De var tause under resten av turen.

Kjøretøyet kom frem til Kiras gård. Aldin og Kira gikk ut. De gikk bort til kapselen. Vaktene ventet i kjøretøyet.

Det var merker overalt på bakken. Kapselen lå på siden. Den var åpen.

'Kira, jeg trodde du ikke hadde sett inni den,' sa Aldin.

'Unnskyld. Jeg fortalte ikke **sannheten**. Jeg ville ikke si noe. Ikke før noen andre så det.'

'Så hva?'

'Se!'

Aldin nærmet seg sakte kapselen. Først kunne han ikke se noe. Da så han det. Inni kapselen lå det en liten jente.

'Det er et barn! Et barn!' ropte han. Han så forbauset på Kira.

'Ja. Det er derfor jeg ikke rørte på noe eller sa noe. Jeg visste ikke hva jeg skulle gjøre. Jeg ville få tak i en lege, men...'

'Akkurat!' tenkte Aldin. 'Jenten er **bevisstløs**. Kanskje hun trenger behandling. Vi trenger hjelp!' Aldin løp bort til kjøretøyet. Han ba vaktene om å få tak i en lege. Så tok han **forsiktig** opp den lille jenten. Han bar henne inn i Kiras hus. Han la henne på en seng.

En halv time senere var jenten fremdeles bevisstløs. Til slutt forlot Aldin rommet. Kira ble med ham. 'Fortell meg,' sa Aldin. 'Vet du noe mer om kapselen?'

'Nei... men den er kalkiansk, ikke sant?' sa Kira sakte.

'Jo.'

'Og barnet?' spurte Kira.

'Hun ser kalkiansk ut også.'

'Men hva gjør hun her? Hvorfor har de sendt oss et barn?'

'Jeg vet ikke,' svarte Aldin. 'Når hun kan snakke, så forteller hun det kanskje.'

'Har hun virkelig reist gjennom verdensrommet?'

'Det ser sånn ut. Antageligvis var det et mye større **romfartøy**. De la henne vel inn i kapselen. Og så etterlot de henne i nærheten av jorden. Kapselen landet sannsynligvis av seg selv.'

Endelig hørte de et kjøretøy som nærmet seg. Legene kom inn. De ville se jenten med en gang. Aldin og Kira holdt seg unna.

Det var sent. Aldin så sulten ut. Kira foreslo at han kunne spise noe sammen med henne.

'Har du noen barn, Kira?' spurte Aldin mens han spiste.

'Nei. Mannen min og jeg ønsket oss barn. Men så kom krigen og...'

'Jeg beklager.'

'Det er greit,' sa hun og smilte sørgmodig.

Mens han spiste, så Aldin seg omkring. Huset var hyggelig. Det var rent og enkelt. Det var et hus som tilhørte en enslig kvinne.

Snart la Aldin merke til at Kira så på ham. 'Ville du spørre meg om noe, Kira?' spurte han.

'Ja.'

'Vel, kom igjen.'

'Hva skal du gjøre med jenten?'

Aldin tenkte seg om. Tilslutt fortalte han henne sannheten. 'Jeg vet ikke. Jeg vet ikke engang hvorfor hun er her.'

Plutselig kom en av legene løpende inn på kjøkkenet. 'Den lille jenten har **våknet**! Hun kan snakke!'

Kapittel 1 Gjennomgang

Sammendrag

To keiserdømmer er i krig: jordboerne og kalkianerne. Jordboerkeiseren er i møte med statsrådene sine. Plutselig kommer det en kvinne. Hun sier det er en kalkiansk kapsel på gården hennes. Aldin er den statsråden keiseren har størst tillit til. Han drar til gården. I kapselen finner Aldin en liten jente. Til å begynne med er jenten bevisstløs. Så våkner hun.

Ordliste

planet planet

koloni colony

fred peace

befolkning population

forsyninger resources; supplies

våpen weapon

keiserdømme empire

regjering government

keiser emperor

statsråd minister

ha tillit til to trust; have faith in

angripe to attack

vakt guard

nervøs nervous

Deres Majestet Your Majesty

kapsel capsule

gård farm

verdensrom space

kjøretøy vehicle

bonde farmer

ille til mote uncomfortable

forbauset astonished
sannhet truth
bevisstløs unconscious
forsiktig carefully, cautiously
romfartøy spaceship
våkne to wake up

Forståelsesspørsmål

Velg bare ett svar på hvert spørsmål.

1) Det er krig mellom ___.
   a. Aldin og keiser Valior
   b. jordboerne og Kiras mann
   c. jordboerne og kalkianerne
   d. Kira and keiser Valior

2) Keiseren er i et møte med ___.
   a. Aldin og kalkianerne
   b. statsrådene sine
   c. Kira og mannen hennes
   d. den lille jenten og Aldin

3) Kvinnen, Kira, forteller keiseren at ___.
   a. det er en liten jente hos henne
   b. det er en kapsel på gården hennes
   c. mannen hennes døde under krigen
   d. Aldin må bli med henne hjem

4) Den lille jenten ___.
   a. forteller Aldin om verdenen sin
   b. vil ikke snakke fordi hun er sjenert
   c. gråter mye
   d. kan ikke snakke fordi hun er bevisstløs

5) Kira gir Aldin ___.
   a. en kald drikk
   b. kaffe
   c. et sted å hvile
   d. noe å spise

Kapittel 2 – Jenten

Den lille jenten fra den kalkianske kapselen var ved bevissthet! Noen måtte snakke med henne. Aldin var en av keiserens statsråder. Han var den rette personen til å gjøre det. Han gikk inn på soverommet. Kira ble med ham. De satte seg ned.

Jenten så søvnig ut. Til slutt spurte hun sakte, 'Hvor er jeg?' Kira og Aldin så forbauset på hverandre. Hun snakket norsk!

Jenta så seg rundt. Hun fikk øye på vaktene. Plutselig ble hun veldig **skremt**. Legen ga henne et middel for å **roe** henne **ned**. Snart hadde hun sovnet igjen.

En time senere åpnet jenten øynene. 'Hvor er jeg?' spurte hun. Så så hun på Aldin. 'Hvem er du?' spurte hun. Hun snakket ganske godt norsk.

'Hei,' sa Aldin. 'Jeg heter Aldin. Dette er Kira. Vi er jordboere. Ta det med ro, er du snill.' Han tok en pause. 'Hvordan har du det?'

'Jeg har det bra,' svarte hun forsiktig. Hun stolte ikke på dem.

'Vi skal ikke **skade** deg,' forklarte Aldin.

Jenten var fremdeles skremt. Hun svarte ikke.

Kira prøvde seg. 'Hei, du,' sa hun sakte. 'Kan du fortelle meg hva du heter?'

'Jeg heter Maha,' svarte piken.

'Alt er i orden, Maha. Jeg heter Kira. Og dette er Aldin. Du er hjemme hos meg. Du var skadet. Vi har passet på deg.'

'Er jeg i hovedstaden deres?' spurte piken. Hun så ut av vinduet. Det var sent. Hun kunne ikke se mye gjennom glasset. Hun kunne bare se noen få trær og noen jorder. 'Det ser ikke ut som en by,' sa hun forbauset.

'Du er i nærheten av hovedstaden. Ikke i den,' forklarte Aldin. 'Men keiseren er ikke langt unna.'

Da jenten hørte ordet 'keiser' ble hun **redd** igjen. 'Jeg vil ikke dra hjem! Jeg er 13 år gammel nå. Jeg kan ta mine egne avgjørelser!' skrek hun.

Aldin var overrasket. Hvorfor ville ikke barnet dra hjem? Hvorfor sa hun det? Det var noe **merkelig** på gang.

'Hvorfor vil du ikke dra hjem?' spurte han.

'Jeg liker ikke Kalkia.'

'Liker du ikke Kalkia?' spurte Aldin, forbauset. 'Hva mener du med det?'

'Jeg vil ikke bo der lenger.'

'Hvorfor sier du det?'

'Vel, for det første er familien min aldri hjemme.'

'Ja? Og?'

'De **ignorerer** meg. De tilbringer ikke tid sammen med meg. De bryr seg ikke om meg.'

'Så familien din ignorerer deg?' sa Aldin.

'Ja, det har de gjort lenge.'

'Og du kom hit fordi du følte deg **ensom**?' spurte Kira.

'Ja. Faren min jobber hele tiden. Moren min reiser hele tiden. Jeg er hjemme med **pleiere**. Faren min betaler dem for å ta vare på meg. Jeg liker ikke å være sammen med dem.'

Aldin begynte å forstå. Jenten hadde **rømt** hjemmefra!

'Et øyeblikk, Maha. Forteller du meg at du har dratt hjemmefra? At du har rømt?'

Jenta senket blikket. 'Ja,' svarte hun.

Aldin reiste seg. Han så ned på jenten. 'Unnskyld meg. Jeg må ut en tur.'

Aldin gikk ut av huset. Kira fulgte etter. Han sto og så på Kiras vakre gård. Han tenkte. Det så ut som om han var ille til mote.

'Hva er det du tenker på?' spurte Kira.

'Det er noe som ikke stemmer.'

'Hva mener du?'

'Jenta har rømt. Men hun kan ikke fly et romfartøy. Hun er 13.'

'Jeg skjønner. Noen må ha hjulpet henne.'

'Ja, men hvem?'

'La oss finne ut av det.'

Aldin og Kira gikk inn igjen. De gikk inn på soverommet.

'Hei,' sa Maha.

'Hei igjen, du,' sa Aldin og smilte til henne.

Maha så Aldin rett inn i øynene. 'Jeg vil ikke dra hjem. Jeg vil bli her,' sa hun bestemt.

'Og hvorfor vil du bli her?'

'Som jeg sa, så liker jeg ikke dem som tar vare på meg.'

'Jeg tror ikke på deg,' sa Aldin **rolig**.

'Det er sant.'

'Jo. Men det er mer enn det, er det ikke det?'

Hun **sukket**. 'Jo, det er mer.'

'Det var det jeg tenkte meg. Fortell.'

'Vi er i ferd med å tape krigen. Folk har ikke mat. Det er mange som ikke har noe sted å bo. Vi **overlever** ikke mye lengre. Jeg er redd.'

Aldin satt seg ned ved siden av Maha. Han så nærmere på henne. 'Du kan bli her inntil videre,' forklarte han. 'Men det er noe du må forstå. Våre to verdener er i krig.'

'Jeg vet det,' sa hun fort. 'Jeg er 13, ikke seks!'

Aldin lo. 'Da forstår du. Det er mye å ta i betraktning her,' la han til. 'Store endringer kan skje på grunn av dette. Det vil få konsekvenser på nasjonalt og internasjonalt nivå.'

'Ja,' sa Maha og senket blikket. 'Men de vet ikke hvor jeg er ennå!' la hun til fort. 'Jeg kan bare vente i noen dager. Så kan jeg dra et annet sted.'

Aldin så på henne. Det var på tide å finne ut hvordan barnet hadde kommet seg hit. 'Maha, en kapsel er ikke et enkelt fremkomstmiddel. Du kom ikke hit alene. Du er for ung til å reise gjennom verdensrommet uten hjelp.'

Maha så opp. 'Du har rett,' sa hun stille. 'Jeg kan ikke fly et romskip.'

'Hvem var det da?'

'Det kan jeg ikke si.'

Aldin var veldig tålmodig. Som statsråd var han vant til å forhandle med folk. 'Maha, vi må få vite hvem som hjalp deg. Hvis vi ikke vet det, kan vi ikke hjelpe deg.'

Maha var stille. Så sa hun. 'Det er... det er...'

'Ta det med ro. Du er trygg,' sa Kira stille.

Maha så på dem. Så sa hun det. 'Det var Valior, keiseren deres. Han hjalp meg.'

Aldin sto fort opp. Han så bekymret på Maha. Da så han på Kira. Vaktene så på dem alle sammen.

'Valior?' sa Aldin. 'Det kan ikke stemme!'

Maha senket blikket igjen. 'Jo, det kan det. Jeg fikk en **beskjed** fra ham for flere uker siden. Han sa han visste at jeg ville dra. Han skulle hjelpe meg. Han fikk **spionene** sine til å finne meg.'

'Spioner?'

'Ja, det er mange jordboerspioner på Kalkia.'

Aldin holdt seg til hodet. Han gikk rundt i rommet. Keiseren hadde altså hjulpet et barn med å rømme. Han kunne bare ikke forstå hvorfor. 'Dette er utrolig,' sukket han til slutt.

Etter en kort stund snakket Maha igjen. 'Vel, det er faktisk mer,' sa hun stille.

Aldin snudde seg og så på Maha. 'Hva mer kan det være?' tenkte han. Til slutt spurte han, 'Og hva er det?'

Maha så ham inn i øynene. 'Faren min.'

'Hva med faren din?' spurte Aldin stille.

'Faren min er kalkianernes keiser.'

Kapittel 2 Gjennomgang

Sammendrag

Jenten som var i kapselen våkner. Legen undersøker henne. Han sier hun er frisk. Jenten begynner å snakke. Hun heter Maha. Hun er kalkianer. Hun er 13 år gammel. Til å begynne med sier hun at hun dro hjemmefra på grunn av foreldrene sine. Senere gir hun en annen grunn. Hun er redd for at kalkianerne ikke overlever krigen. Da spør Aldin Maha om hvordan hun kom seg til jorden. Endelig forteller hun ham at keiser Valior hjalp henne. Så legger hun til at faren hennes er kalkianernes keiser.

Ordliste

å roe seg to calm down

skade to hurt

redd frightened

merkelig unusual or strange

ignorere to ignore

ensom lonely

pleier caregiver

rømme to run away

det er noe som ikke stemmer something just doesn't add up

rolig calmly

sukke to sigh

overleve to survive

beskjed message

spion spy

Forståelsesspørsmål

Velg bare ett svar på hvert spørsmål.

6) Maha ___ til å begynne med.
   a. vil ikke snakke
   b. er veldig nervøs
   c. snakker mye
   d. vil snakke med faren sin

7) Maha forklarer at hun ___.
   a. har rømt hjemmefra
   b. ble bedt om å dra hjemmefra
   c. har gått seg vill
   d. ikke vet hvor hjemmet hennes er

8) Maha sier også at ___.
   a. familien hennes er veldig glad i henne
   b. hun ikke kjenner foreldrene sine
   c. hun er veldig glad i pleierne sine
   d. hun ikke er lykkelig med foreldrene sine

9) Når Aldin spør om hvem som hjalp henne, svarer Maha at ___.
   a. den kalkianske keiseren hjalp henne
   b. Valior kom til henne personlig
   c. jordboerspioner ble sendt av Valior
   d. kalkianerspioner hjalp henne

10) Hvorfor kan det være problematisk å ha henne på Jorden?
    a. Hun er redd.
    b. Hun er datteren til den kalkianske keiseren.
    c. Hun er en kalkiansk spion.
    d. Aldin vil ikke at hun skal dra hjem.

Kapittel 3 – Sannheten

Aldin kunne ikke tro det. Maha var datteren til den kalkianske keiseren! Jenten kunne forårsake **kaos** mellom verdene! Og bare fordi hun følte seg ensom? Fordi hun trodde keiser Valior forsto problemene hennes? Hva hadde hun gjort?!

Plutselig gikk noe opp for Alvin. Det var ikke jentens **ansvar**. Hun visste virkelig ikke hva hun hadde gjort. Hun var bare lei seg. Og en mann som het Valior hadde hjulpet henne. *Han*, keiseren, var problemet! Han var ansvarlig. Hva var det han tenkte på? Aldin måtte finne ut av det.

Aldin dro fra Kiras hjem. Han gikk inn i et kjøretøy og dro til hovedstaden. Da han var fremme, gikk han rett til keiserens kontor. Da ble han plutselig stoppet av en sikkerhetsvakt 'Du er **nektet** adgang,' sa vakten.

Aldin var forbauset. 'Nektet adgang? Jeg må snakke med Valior. Vet du hvem jeg er? Jeg er statsråd!'

'Det er keiserens **ordre**. Ingen adgang for deg, Aldin.'

Aldin visste ikke hva han skulle gjøre. Han måtte snakke med keiser Valior. Uten å tenke seg om, slo Aldin vakten i hodet. Vakten falt på gulvet. Aldin tok vaktens våpen og gikk inn på Valiors kontor.

Keiseren satt i stolen sin. Han så trøtt ut. 'Aldin, hva er det du vil?' sukket han.

'Hvorfor har ikke jeg visst noe om barnet?'

'Hvilket barn?'

'Keiser, jeg er ikke **dum**.'

Valior stoppet. 'OK. Ikke mer skuespill. Hva vil du vite?'

'Hvorfor er den kalkianske keiserens datter her? Hvorfor gjorde du det?' Stemmen hans ble sterkere. 'Det er imot vår **politikk** å bruke barn!'

Valior reiste seg. Så skrek han, 'Det er imot vår politikk å tape en krig!'

Aldin så på Valior. Så spurte han, 'Hvorfor fortalte du meg det ikke?'

'Det er én enkelt grunn til at jeg ikke fortalte deg det.'

'Og det er?'

Keiseren senket blikket. 'Jeg visste du ikke kom til å **godkjenne** det,' svarte han. 'Jeg ville ikke at du skulle påvirke avgjørelsen min.' Valior hadde rett. Selvsagt ville ikke Aldin involvere barn. Det var bare ikke riktig.

'Hva skal du gjøre med henne?' spurte Aldin etterpå.

'Med Maha? Vi skal ta vare på henne! Hun er bare et barn,' sa keiseren.

Aldin stolte ikke på ham. 'Det var ikke det jeg mente,' fortsatte han. 'Jeg mente, hva kommer til å skje nå? Hva skjer når kalkianerne finner ut av det? Vil hun bli skadet?'

'Det er noen gode spørsmål,' sa keiseren rolig.

Aldin så på keiseren. Han ville ikke godta et så enkelt svar.

Keiseren begynte å snakke igjen. 'Kalkianerne vet at Maha har rømt.' Så tok han en pause. 'Men de vet ikke hvilken planet hun dro til. De vet heller ikke at det var jordboerspioner som hjalp henne. Så da skjønner du at de egentlig ikke vet noen ting.' Han så nøye på Aldin. Keiseren ville **gjette** Aldins følelser.

'Og hvis de finner ut at du har hjulpet henne?'

'Det kan de umulig finne ut av. Spionene sier ingenting. Ingen her vet om det... bortsett fra deg.'

Aldin stoppet for å tenke. 'Men hvorfor?' spurte han. Han kunne bare ikke forstå keiserens tankegang. 'Hvorfor skal et lite barn involveres? Hvorfor ta henne fra foreldrene?'

'På grunn av hvem foreldrene hennes er,' svarte Valior. Keiseren så på Aldin som om han var helt dum. 'Ser du ikke fordelen? Vi har keiserens datter. Vi kan bruke henne til å kontrollere den kalkianske keiseren. For makt. For hva som helst egentlig.'

Valior så nøye på Aldin igjen. Ville ordene hans påvirke Aldins meninger? Aldins ansikt viste ingen tegn.

'Skjønner du det nå?' fortsatte han. 'Vi kan bruke Maha til å få det vi vil. Vi har den kalkianske keiseren **i våre hender**. Og det bare fordi den dumme, lille datteren hans ikke syntes hun ble tatt vare på!' Valior slapp ut en stor latter. Aldins hjerte ble iskaldt.

Aldin så på keiseren. Dette var en mann som Aldin alltid hadde hatt tillit til. Mannen hadde vært så viktig for ham. Nå følte han bare **avsky**. Valior brukte et barn for å få det som han ville.

Aldin smilte og sa, 'Keiser, jeg forstår det veldig godt nå. Det får bli som du vil.'

Aldin snudde seg og forlot keiserens kontor. Han gikk fort gjennom hovedstadens gater.

Aldin likte ikke det som skjedde. Men han kunne ikke vise det. Hvis keiseren fikk vite at Aldin sto imot ham, ville han bli drept. Det var bare ett menneske Aldin kunne få hjelp av. Det var et menneske keiseren ikke kunne påvirke. Han måtte snakke med henne.

Aldin tok et av regjeringens kjøretøy. Han kjørte tilbake til Kiras gård. Han **banket** på døren hennes. 'Kira! Er du hjemme?'

Kira åpnet døren. 'Ja?' svarte hun. 'Hva er det?'

'Er jenten her fremdeles?' spurte Aldin.

'Ehh, ja. De har ikke tatt henne med til hovedstaden ennå.'

'Bra,' svarte Aldin.

'Men det er et kjøretøy på vei nå,' la hun til.

'Å. Da har vi mindre tid enn jeg trodde. Vi må skynde oss,' sa han nervøst. 'Ta meg inn til henne.'

Aldin og Kira gikk inn på soverommet. Jenten sov rolig. 'Vi må **dra av gårde**,' sa han.

'Dra? Hvor skal vi dra?' spurte Kira.

Aldin så seg rundt. Han kunne ikke se noen. 'Hvor er vaktene?'

'De er ved kapselen.'

'Bra,' sa Aldin. 'Nå har vi sjansen.'

'Sjansen?' spurte Kira. Hun så **forvirret** ut.

'Til å få Maha bort,' svarte Aldin.

Kira satte seg ned. Hun så på Maha. For første gang så jenten ut til å ha det godt. 'Du vil ta Maha ut av hovedstaden?'

'Nei, jeg vil ta henne bort fra planeten.'

'Hva?' sa Kira. 'Hvorfor?'

'Maha er en forvirret og ensom liten jente. Keiser Valior vil bare bruke Maha for å påvirke den kalkianske keiseren.'

Aldin forklarte keiser Valiors planer. Kira kunne ganske enkelt ikke tro det. 'Skjønner du?' spurte Aldin. 'Jeg vil ikke at de skal skade Maha. Hvis vi ikke får henne hjem, har hun ikke en sjanse.'

'Vi?'

'Vi. Vi må få henne til Kalkia. Jeg kan ikke gjøre det alene, Kira. Jeg trenger din hjelp.'

Kira tenkte seg om en liten stund. Hun så på den lille jenten. Så så hun ut av vinduet på gården sin. Til slutt så hun på Aldin og sa, 'Jeg har vel ingenting å tape.'

Kira fortalte Maha at de skulle til hovedstaden. Alle tre gikk inn i Aldins kjøretøy. Aldin kjørte i timevis. Den nærmeste rom**stasjonen** var langt unna. Maha sov på veien.

Da de ankom, fortalte Aldin sikkerhetsvaktene at det dreide seg om en **hemmelig** regjeringssak. Vaktene sa de ikke kom til å fortelle det til noen.

Kira og Aldin bar Maha til det nærmeste romskipet. De forlot stasjonen uten problemer. Maha våknet da romskipet tok av. Hun ble ikke glad. Aldin syntes synd på henne, men han visste de gjorde det eneste riktige.

Turen gjennom verdensrommet tok flere uker. Romskipet nærmet seg Kalkia. Aldin snakket over **radioen**, 'Dette er jordboerskipet 12913. Jeg må få snakke med den kalkianske keiseren. Jeg er statsråd Aldin fra Jorden.'

Radioen reagerte. 'Hvorfor vil du snakke med keiseren vår?' sa en vakt.

'Vi har datteren hans.'

Det bli stille på radioen.

Snart så Aldin en **advarsel** på dataskjermen. Kalkianske militærtropper var på vei. De ventet i nærheten av romskipet. Plutselig kom radioen til live igjen. 'Gi oss Maha. Ellers dør dere,' sa en stemme.

'Dere kommer ikke til å drepe oss,' sa Aldin med sikkerhet. 'Jeg vil snakke med keiseren deres.' Og så la han til. 'Nå.'

Radioen ble stille igjen.

Etter flere minutter kom det en sterk stemme på radioen. 'Dette er den kalkianske keiseren,' meldte stemmen. 'Gi meg datteren min,' sa han og tok en pause. 'Og jeg gir dere livene deres.'

'Vi gir deg Maha på en **betingelse**,' svarte Aldin.

De ventet.

'Hva er det?' kom det fra stemmen.

'Det må bli fred mellom Jorden og Kalkia.'

Keiseren var stille i flere sekunder. 'Hvorfor skal jeg tro på dere?'

'Fordi vi har brakt datteren din tilbake,' svarte Aldin. 'Fordi jeg vet krigen har vært vanskelig for alle sammen. Tenk på de økonomiske problemene. Tenk på sulten og skadene. Begge våre verdener er utmattede. Det må ta slutt.'

Radioen ble stille igjen. Til slutt kom stemmen tilbake. Den var mykere denne gangen. 'Jeg er enig,' sukket keiseren. 'Og jeg godtar det. Gi meg datteren min og la oss jobbe for fred.'

Kapittel 3 Gjennomgang

Sammendrag

Aldin snakker med keiser Valior. Valior vil bruke Maha for å bekjempe kalkianerne. Aldin støtter ikke planen hans. Han holder følelsene sine hemmelig. Han drar tilbake til Kiras gård. Han og Kira tar Maha til et romskip. De reiser til Kalkia. De snakker med den kalkianske keiseren. De foreslår å gi Maha tilbake, men den kalkianske keiseren må være villig til å slutte fred. De blir enige. Endelig er krigen over.

Ordliste

kaos chaos

ansvar responsability

nekte to deny; bar; refuse

ordre orders

dum stupid; silly

politikk policy

godkjenne to approve

gjette to guess

være i noens hender to be in someone's hands/ power

avsky disgust

banke to knock

dra av gårde to go away, leave

forvirret confused

stasjon station

hemmelig secret

radio radio

advarsel warning

betingelse condition

Forståelsesspørsmål

Velg bare ett svar på hvert spørsmål

11) Etter å ha dratt fra gården, drar Aldin til ___.
    a. en restaurant
    b. kapselen
    c. hovedstaden
    d. hjem

12) Aldin innser at Valior, keiseren ___.
    a. ikke er ærlig
    b. vil ha fred
    c. alltid forteller sannheten
    d. er venner med den kalkianske keiseren

13) Aldin planlegger å ___.
    a. gi barnet tilbake
    b. forbli med barnet
    c. drepe barnet
    d. ikke gjøre noe

14) Maha ___.
    a. er glad for å dra hjem
    b. vil ikke bli på jorden
    c. vil ringe til foreldrene sine
    d. er ikke glad for å dra hjem

15) Da Aldin snakker med den kalkianske keiseren, ber han om ___.

a. penger

b. fred

c. en jobb

d. en mulighet til å bli på Kalkia

Answer Key

En sprø fiskegryte: *Kapittel 1*: 1. a, 2. b, 3. d, 4. c, 5. b; *Kapittel 2*: 6. d, 7. b, 8. c, 9. a, 10. c; *Kapittel 3*: 11. c, 12. c, 13. d, 14. d, 15. b; *Kapittel 4*: 16. c, 17. d, 18. a, 19. c, 20. a

En svært uvanlig utflukt: *Kapittel 1*: 1. b, 2. a, 3. d, 4. d, 5. b; *Kapittel 2*: 6. d, 7.d, 8. c, 9. a, 10. b; *Kapittel 3*: 11. c, 12. d, 13. d, 14. a, 15. c

Ridderen: *Kapittel 1*: 1. b, 2. b, 3. d, 4. c, 5. b; *Kapittel 2*: 6. a, 7. a, 8. b, 9. c, 10. d; *Kapittel 3*: 11. c, 12. b, 13. c, 14. c, 15. a

Klokken: *Kapittel 1*: 1. a, 2. c, 3. d, 4. c, 5. b; *Kapittel 2*: 6. a, 7. c, 8. a, 9. b, 10. b; *Kapittel 3*: 11. c, 12. b, 13. b, 14. d, 15. b

Kisten: *Kapittel 1*: 1. c, 2. b, 3. a, 4. d, 5. c; *Kapittel 2*: 6. a, 7. a, 8. b, 9. a, 10. d; *Kapittel 3*: 11. c, 12. c, 13. d, 14. b, 15. b

Ukjente landområder: *Kapittel 1*: 1. b, 2. a, 3. d, 4. c, 5. d; *Kapittel 2*: 6. c, 7. b, 8. d, 9. a, 10. d; *Kapittel 3*: 11. c, 12. c, 13. c, 14. c, 15. b

Lise, den usynlige kvinnen: *Kapittel 1*: 1. a, 2. b, 3. c, 4. c, 5. c; *Kapittel 2*: 6. a, 7. b, 8. c, 9. c, 10. a; *Kapittel 3*: 11. d, 12. b, 13. b, 14. a, 15. c

Kapselen: *Kapittel 1*: 1. c, 2. b, 3. b, 4. d, 5. d; *Kapittel 2*: 6. b, 7. a, 8. d, 9. c, 10. b; *Kapittel 3*: 11. c, 12. a, 13. a, 14. d, 15. b

Norwegian–English Glossary

A

administrasjonsassistent (*m.*) administrative assistant
adoptere to adopt
advarsel (*m.*) warning
aksje (*m.*) stock
aldri i livet! no way!
angripe to attack
anheng (*n.*) pendant
ansvar (*n.*) responsability
anta to assume
avansert advanced
avdeling (*m/f.*) department
avgift (*m/f.*) tax
avsky (*m.*) disgust
avslappet relaxed

B

bade to bathe or swim
balanse (*m.*) balance
banke to knock
batteriet er tomt the battery has died
bedra to betray
befolkning (*m/f.*) population
begivenhet (*m/f.*) event
beskymre to worry
bekymringsfullt with concern
beskjed (*m.*) message
bestemt specific

betingelse (*m.*) condition
bevege seg to move, stir, move about
bevis (*n.*) evidence
bevise (*v.*) to prove, demonstrate
bevisstløs unconscious
blant among
bli født to be born
bonde (*m.*) farmer
bonus (*m.*) bonus
briste ut i latter to burst out laughing
byrå (*n.*) agency, office
bytorg (*n.*) market square
båt (*m.*) boat

D

dekning (*m/f.*) (mobile) service
dele to split or share
del (*m.*) part or area
Deres Majestet Your Majesty
det blir litt mye it's all too much
det er noe som ikke stemmer something just doesn't add up
dialekt (*m.*) dialect, regional accent
dra av gårde to go away, leave

drakt (*m/f.*) costume
drosje (*m/f.*) taxi, (*Am. English*) cab
dum stupid, silly
dusj (*m.*) shower
dyr expensive
dyr (*n.*) animal

E
ekkel disgusting or unusable
ekspedisjon (*m.*) expedition
elektriker (*m.*) electrician
elv (*m/f.*) river
engstelig worried, concerned, anxious
ensom lonely
ettermiddagsmat (*m.*) afternoon tea or meal
eventyr (*n.*) legend, fairytale

F
fare (*m.*) danger
farlig unpleasant or dangerous
fast tightly
feiring (*m/f.*) celebration
fellesskap (*n.*) social, jointly
fiskegryte (*m/f.*) fish stew
fjell (*n.*) mountain
flau embarrased
flokk (*m.*) crowd
flyplass (*n.*) airport
forbauset astonished
forestilling (*m/f.*) performance
forferdelig terrible, awful
forlange to demand

forretning (*m/f.*) business
forsiktig careful, carefully, cautiously
forstyrre to distract, confuse
forsvinne to disappear
forsyning (*m/f.*) resource, supply
fortjeneste(*m/f.*) profit
forutsette to presuppose
forvirret confused
fotavtrykk (*n.*) footprint
frakte to transport
fred (*m.*) peace
fremgang (*m.*) progress
frivillig (*m.*) volunteer
fugl (*m.*) bird
føle det på seg to have a feeling
følge med på to focus or concentrate on something

G
gammeldags old-fashioned
garasje (*m.*) garage
gi opp to give up
gjemme (seg) to hide
gjenstand (*m.*) object
gjest (*m.*) guest
gjette to guess
godkjenne to approve
grille to barbecue, grill
gripe to grab
gud (*m.*) god
gull (*n.*) gold
gullkjede (*m.*) gold necklace
gå seg vill to get lost
gå tom for to run out of

gå ut to go out
gård (*m.*) farm

H

ha tillit til to trust, have
  faith in
heis (*m.*) lift, (*Am. English*)
  elevator
helt sikkert certainly,
  definitely
hemmelig secret
hemmelighet (*m/f.*) secret
hendelse (*m.*) incident, event
himmel (*m.*) sky
hud (*m/f.*) skin
hushjelp (*m/f.*) domestic
  worker
hviske to whisper
hyggelig pleasant, nice,
  enjoyable
høvding (*m.*) chief of a group
  of Vikings

I

i mellomtiden meanwhile
ignorere to ignore
ikke ta hensyn to disregard,
  ignore
ille til mote uncomfortable
innbille seg to imagine
inngang (*m.*) entrance
innse to realize
innsjø (*m.*) lake
investering (*m/f.*) investment
ivrig excitedly

J

jakke (*m/f.*) jacket
jakt (*m/f.*) hunt
jakte to hunt

K

kamera (*n.*) camera
kanon (*m.*) cannon
kaos (*n.*) chaos
kapsel (*m.*) capsule
kaptein (*m.*) captain
keiser (*m.*) emperor
keiserdømme (*n.*) empire
kelner (*m.*) the waiter in a
  restaurant
kilde (*m.*) fountain or source
kiste (*m/f.*) chest
kjøpmann (*m.*) trader
kjøretøy (*n.*) vehicle
kjøtt (*n.*) meat
klassisk traditional, classic
klem (*m.*) hug
klosset clumsy, awkwardly
knapp (*m.*) button
koloni (*m.*) colony
komme til syne to appear
kone (*m/f.*) wife
kongerike (*n.*) kingdom
konkurrent (*m.*) competitor
kraftig stout
kriger (*m.*) warrior
kurs (på et skip) (*m.*) course
  (of a ship)
kvartal (*n.*) quarter
kyss (*n.*) kiss

L

landområde (*n.*) territory
lass (*n.*) load
lastebil (*m.*) lorry,
  (*Am. English*) truck
late som to pretend
leilighet (*m/f.*) flat,
  (*Am. English*) apartment
leir (*m.*) camp
lettelse (*m.*) relief
lignende similar
lik identical
lomme (*m/f.*) pocket
lommelykt (*m/f.*) torch,
  (*Am. English*) flashlight
lyse to light up
lønnsøkning (*m/f.*) raise
løsning (*m/f.*) solution
lås (*m.*) lock

M

magisk magic
mangel (*m.*) shortage
matlaging (*m/f.*) cooking
merkelig unusual
merkelige evner strange
  powers
metallball (*m.*) metal ball
middag (*m.*) dinner, supper
mildt vær (*n.*) mild weather
mistenksomt suspiciously
mobil (*m.*) mobile (phone),
  (*Am. English*) cell (phone)
moderne modern
motor (*m.*) motor
museum (*n.*) museum
muskel (*m.*) muscle

N

nekte to deny; bar; refuse
nervøs nervous
nestkommanderende
  second in command
nikke to nod
nyte to enjoy

O

oppdager explorer
oppdrag (*n.*) mission
oppmuntre to encourage
opprette to establish
ordre (*m.*) orders
overasket surprised
overleve to survive

P

pakke med sedler (*m/f.*) a
  pile of paper money
pakke opp to unwrap
panikk (*m.*) panic
peiling idea
planet (*m.*) planet
pleier (*m.*) caregiver
politikk (*m.*) policy
potensial (*n.*) potential
pusse opp to renovate
påkledd dressed

R

radio (*m.*) radio
redd scared, frightened
regjering (*m/f.*) government
reise (*m/f.*) journey
ren pure
representere to represent

ridder (*m.*) knight
ring (*m.*) ring
rister to shake
ro to row
roe seg to calm down
rolig quiet, calm
romfartøy (*n.*) spaceship
rope to shout
ror (*n.*) helm
ryddig neat
ryggsekk (*m.*) backpack
rømme to run away

S
samfunn (*n.*) society
sand (*m.*) sand
sannhet (*m/f.*) truth
seile to sail
sekk (*m.*) bag
sette i gang to activate
sikkerhetsvakt (*m/f.*) security
  guard
sint angry, upset
sjef (*m.*) director, chief
sjekke inn to check in
  (for a flight)
sjeldne krefter (*m/f.*) special
  powers
sjenert shy
sjokkert shocked
sjørøver (*m.*) pirate
skade to harm; damage; hurt
skadet damaged
skapning (*m.*) creature
skille lag to split up
skip (*n.*) ship
skjebne (*m.*) destiny

skjegg (*n.*) beard
skjelve to shake
skog (*m.*) woods
skogkratt (*n.*) thicket
skremt frightened, scared
skriftrull (*n.*) scroll
skrike to shout
skru av to turn off
skuffet disappointed
skynde seg hurry
skyte to fire, shoot
slag (*n.*) battle
slappe av to relax
slott (*n.*) castle
smak (*m.*) taste
solbrille (*m/f.*) sunglasses
soldat (*m.*) soldier
soloppgang (*m.*) sunrise
sparke to kick
spesiell particular
spille et knep (*n.*) to play a
  trick
spion (*m.*) spy
sprø crazy, silly or stupid
språk (*n.*) language
spøk (*m.*) joke
stappfull packed, crammed
stasjon (*m.*) station
statsråd (*m.*) minister
stearinlys (*n.*) candle
steinbro (*m/f.*) stone bridge
sti (*m.*) path
stille calm; quiet
stillhet (*m/f.*) silence
stjele to steal
stole på to trust
storm (*m.*) storm

strand (*m/f.*) beach
strategi (*m.*) strategy
strekke på beina to strech
 one's legs
streng strict
strøk (*n.*) neighbourhood
stygg ugly
støtte support
støv (*n.*) dust
sukke to sigh
sykdom (*m.*) disease
søsken (*n.*) siblings
såre to hurt; offend

T
ta av to take off
ta sjansen to take risk
teknologi (*m.*) technology
telefonkiosk (*m.*) phone box,
 (*Am. English*) phone booth
telt (*n.*) tent
tenke seg grundig om to
 think things through
teoretisk sett theoretically
 speaking
tidligere former or previous
tilfeldighet (*m/f.*)
 coincidence, chance, accident
tilgi to forgive
tonefall (*n.*) tone
tre- wood(-en)
trygg safe
trylledrikk (*m.*) potion
trøtt tired
tuller du? are you kidding?
turgåer (*m.*) hiker

tvil (*m.*) doubt
tvinge to force, compel

U
ulykke (*m/f.*) accident
umiddelbart immediately
umulig impossible
urmaker (*m.*) watchmaker
usynlig invisible
utflukt (*m/f.*) excursion
utforske to explore
utleie (*m/f.*) rental
utmattelse (*m.*) exhaustion
utrolig incredible
utvekslingsstudent (*m.*)
 exchange student
utålmodig impatient

V
vakt (*m/f.*) guard
verdensrom (*n.*) space
verdi of value
verksted (*n.*) workshop
vinke to wave
virkeligheten synker inn
 reality sinks in
vogn (*m/f.*) wagon
voldsom great, intense
vurdere to consider
være i noens hender to be
 in someone's hands/power
våkne to wake up
våpen (*n.*) weapon

Ø
ødelegge to destroy

Acknowledgements

If my strength is in the ideas, my weakness is in the execution. I owe a huge debt of gratitude to the many people who have helped me take these books past the finish line.

Firstly, I'm grateful to Aitor, Matt, Connie, Angela and Maria for their contributions to the books in their original incarnation. To Richard and Alex for their support in expanding the series into new languages.

Secondly, to the thousands of supporters of my website and podcast, *I Will Teach You a Language*, who have not only purchased books but who have also provided helpful feedback and inspired me to continue.

More recently, to Sarah, the Publishing Director for the *Teach Yourself* series, for her vision for this collaboration and unwavering positivity in bringing the project to fruition.

To Rebecca, almost certainly the best editor in the world, for bringing a staggering level of expertise and good humour to the project, and to Nicola, for her work in coordinating publication behind the scenes.

My thanks to James, Dave and Sarah for helping *I Will Teach You a Language* to continue to grow, even when my attention has been elsewhere.

To my parents, for an education that equipped me for such an endeavour.

Lastly, to JJ and EJ. This is for you.

Olly

Olly Richards

Notes

Use *Teach Yourself Foreign Language Graded Readers* in the Classroom

The *Teach Yourself Foreign Language Graded Readers* are great for self-study, but they can also be used in the classroom or with a tutor. If you're interested in using these stories with your students, please contact us at learningsolutions@teachyourself.com for discounted education sales and ideas for teaching with the stories.

Bonus Story

As a special thank you for investing in this copy, we would like to offer you a bonus story – completely free!

Go to readers.teachyourself.com/redeem and enter **bonus4u** to claim your free Bonus Story. You can then download the story onto the Language Readers app.

DRAGEN FERRG

Dragen så pilene fly forbi. Han så ned.
Så landet dragen på bytorget.
'JOHAAAAANEEEEES?' sa dragen…